はじめましての旬レシピ

忙しくても、
時間がなくても、
季節のものを
味わいたい！

白央篤司 編・著

料理
井原裕子
上田淳子
重信初江
しらいのりこ
堤 人美
樋口直哉
今井真実

Gakken

はじめに

日々の料理をまかなっていると、まず「作る」ことで手一杯になりがちなもの。さらには使い切る、使いまわす、補充する、片づける……と、やることはいろいろありますよね。家事としての料理って、毎日のことだから「作り疲れない」ことが最大のテーマじゃないでしょうか。自分にとって作りやすい料理を少しずつ増やしていき、ときにうまく休みつつ、料理を続けていく。料理を楽しめるときは楽しみ、そうもできないときはしっかり省力する。私も毎日つれあいに料理を作っているのですが、力の入れ具合のメリハリをつけられるようになってから、日々のごはん作りが少しずつラクになっていきました。

ごはん作りに少々の余裕ができたとき、意識しだしたのが「旬」です。旬とは、それぞれの食材のいちばん味のいい時季のこと。四季ごとに旬の野菜やフルーツがたくさんあります。現代は技術と流通が進んで、あまりにも多くの食材が年間を通じて手に入りますが、やはり旬のものは食感も香りもよく、まさに食べ頃のおいしさに満ちています。

「食事をまかなう」という行為に「季節を意識する」という感覚をプラスしてみると、食卓はより豊かに広がっていきました。暑い季節、寒い季節で体が求めるものも違いますし、また献立を決める取っかかりにもなってくれます。そして旬のものは値段が手頃であり、栄養も豊富であることが多いです。旬に関する知識を増やして、レパートリーを増やしてみませんか？

　この本は、アイスムという食のウェブメディアで、旬をテーマに制作した記事を軸にまとめたものです。アイスムは「肩ひじ張らず、無理をせず、忙しい日々でも少しの工夫で食を楽しむ」がメインテーマ。作りやすいレシピが多いと思います。ごく簡単なものから、日常のおかずにいいもの、時間のあるときじっくり作ってほしいごちそう的なものなど、様々なタイプの料理をそろえました。おなじみの食材の意外な使い方や、あるいは「これ、春が旬だったのか」なんて発見もあるかと思います。四季のごはんの様々な形を、本書を片手に楽しんでいただければ幸いです。

白央篤司

もくじ

旬レシピを教えてくれたみなさん

本書では、その季節ならではのレシピを色々な方に教えてもらいました。

from Yuko

簡単なのに、
意外なレシピ
紹介します。

井原裕子さん

愛知県出まれ。料理研究家、野菜ソムリエ、食生活アドバイザー。季節感を大事にした、作りやすく分かりやすい家庭料理のレシピを得意とする。

本書の担当：メインになることは少ない**「知られざる旬野菜」**

from Junko

旬のものは
ゆでただけでも
サイコー！

上田淳子さん

兵庫県生まれ。料理研究家。本格的な西洋料理から日本の家庭料理、スイーツやパンまで守備範囲広く活躍中。現代人の生活に根差した料理の提案にも定評あり。

本書の担当：春夏秋冬１品ずつの**「はじめての旬レシピ」**

from Hitomi

毎シーズン、
ジャムを
作るのが楽しみ。

堤 人美さん

京都府生まれ。料理研究家。和洋中に限らず幅広いジャンルに造詣が深い。子どもの頃から大好きなジャム作りはライフワークのひとつ。

本書の担当：季節のフルーツを使った**「かんたん旬ジャム」**

from Hatsue

お漬物は
まかせて！

重信初江さん

東京都生まれ。料理研究家。味の再現性の高いレシピに定評があり、日本の家庭料理から世界の料理までレパートリーは広範囲。漬物名人としても知られる。

本書の担当：身近な野菜を使った**「季節野菜のクイック漬物」**

この本の決まりごと

〇1カップは200mℓ、大さじ1は15mℓ、小さじ1は5mℓです。
〇特に記載がない限り電子レンジは600Wのものを基本にしています。
500Wの場合は、加熱時間を1.2倍、700Wの場合は0.8倍にしてください。
〇しょうゆは濃口しょうゆ、酒は日本酒、みりんは本みりんを使用しています。
〇野菜類は、特に表記のない限り、洗ったりヘタや皮を除いてからの手順を記載しています。

from Atsushi

時間が
なくても、
旬は楽しめます！

聞き手：白央篤司

フードライター、コラムニスト。日本の郷土料理やローカルフード、現代人のための手軽な食生活の調え方と楽しみ方、より気楽な調理アプローチをメインに企画・執筆。

さらに！

今井さんは「春」のキャベツのレシピ、なかしまさんは「各季節のたのしみ」のお話を聞かせてもらいました。

今井真実さん

兵庫県生まれ。東京都在住。Xやnoteに投稿するレシピが注目を集め、雑誌、web媒体、広告などで活躍の場を広げている。「作った人が楽しく嬉しくなる料理」を日々提案している。

なかしましほさん

新潟県生まれ。出版社勤務やレストランの料理人を経て料理家に。お菓子工房『foodmood』を運営。毎日でも食べたくなるやさしく朴実な味わいの世界は多方面から熱い支持を受ける。

from Noriko

ごはんの
ことなら
何でも来い！

しらいのりこさん

新潟県生まれ。米農家出身の夫と共に炊飯系フードユニット「ごはん同盟」として活動する料理研究家。日本各地、そして海外の米料理に関するオーソリティ。

本書の担当：季節の旬野菜を使った**「季節のごはんもの」**

from Naoya

少しだけ
手をかけた、
ぐっとおいしい
レシピ教えます。

樋口直哉さん

東京都生まれ。料理家・作家。ロジカルで理知的なレシピ解説で人気を集める。作家としても活動し、『さよならアメリカ』で群像新人文学賞を受賞。

本書の担当：樋口流、旬野菜の最もおいしい食べ方**「こだわり旬メシ！」**

時間がなくても、はじめまして！の旬を味わう

本書では、手間ひまをかけなくても季節の旬を楽しめる工夫や、「この野菜にも旬があるんだ！」という驚きもぎゅっと詰め込みました。きっとそれぞれに「はじめまして」の旬の発見があるはずです。

旬のものでもりもりごはんを食べたい！

オススメ！

季節のごはんもの

季節ごとのお米料理をご紹介。それだけで立派な一品になる、ごちそうごはんばかりです。

from Noriko

旬の食材を定番の味で食べてみたい！

オススメ！

はじめての旬レシピ

定番ながら、作りやすいレシピを教えていただきました。旬レシピの定番、そしてはじめの一歩をこちらからどうぞ。

from Junko

こんなのもどう？

こちらは、いろいろな方がそれぞれの季節にあった、ちょっと楽しいレシピをご紹介。作ってみたいレシピが見つかるはず。

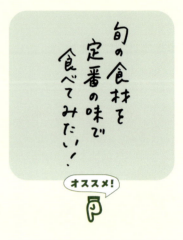

せっかくなら
手仕事みたいな
ことをしてみたい

オススメ!

季節の
保存食
季節野菜のクイック漬物

旬だからこそたくさん買ってお漬物にしておくと、バリエーションも広がり「あと1品」の救世主になること間違いなし。

from Hatsue

季節の
保存食
かんたん旬ジャム

おいしい瞬間を長く味わうなら、やっぱりジャム。シンプルで作りやすい季節のジャムレシピです。

from Hitomi

旬の食材は
普段から料理に
取り入れている

オススメ!

知られざる旬野菜

「これも旬だったの⁉」「意外と使ったことなかったかも」という野菜をピックアップしてレシピを紹介。意外な「はじめまして」が発見できるかもしれません。

from Yuko

こだわり旬メシ！

from Naoya

定番の旬野菜の“最高”を目指したレシピです。少しだけ時間をかけるだけで「これ、こんなにおいしかったの⁉」という驚きと発見に出合えるはずです。

春

春、あたらしい芽吹きの季節。
春が旬のものは、まだ生まれたてのみずみずしさや生命力
を感じさせるようなものが並びます。
たけのこをゆでる時間はないけれど、
それでも味わえる春のラインナップ、そろえました。

お品書き

◆たけのこの照り焼き

◆春のキャベツでつくる　お好み焼き

◆グリーンピースとベーコンの炊き込みごはん

◆セロリと豚肉のフライパン煮こみ

◆セロリの春雨サラダ

◆セロリとちりめんじゃこのおかか炒め

◆新じゃがと牛肉の煮つけ

◆キャベツのフライパン焼き　チーズソース添え

◆基本のキャベツの浅漬け

◆甘い香りのいちごとバナナのジャム

春

—essay—

春だなあ

春だなぁと感じるのは、どんなときですか。梅や桃が咲き出す頃か、あるいは満開の桜を見たときでしょうか。小学生時代を東北地方で過ごした私は、まだ道端に雪が残っているような頃、ふきのとうが山道のあちこちから顔を出してきたとき、強く春を感じたことを思い出します。春が近づいていると思ったときの、胸が少し騒ぐような感じは特別ですね。母がよくふきのとうの天ぷらを作ってくれましたが、小さい頃はあのほろ苦いおいしさが正直分からず。それが今ではすっかり好物になりました。ふきのとうは、少々を生で刻んで味噌汁に散らしてもおいしいですよ。

　春を告げる食べものは、日本各地でいろいろとあります。山形県の庄内地方を旅したとき、サクラマスが春を告げる魚として人気だと知りました。薄紅色の身が目にもきれいで、酒田市では焼いたものにゆでたにらを添えるのがお決

まり。地元の方で「これを食べないと春を迎えられません」なんて言われる方はとても多かったです。春を告げる魚といえば、兵庫県の沿岸部ではイカナゴが代表格。コウナゴとも呼ばれる魚の幼魚を、しょうゆと砂糖などで甘辛く煮て、佃煮にして食べるのが一般的です。「くぎ煮」という名前で地元では親しまれ、ごはんのおかずとしておなじみのもの。鮮度のよいうちに煮るのが肝心で、漁の解禁日には買い求める人が絶えないほどの人気なのですが、残念ながら近年は不漁が続いています。地元の方の「作りたいけど、獲れないから高くて買えない」なんて言われる残念そうな表情が忘れられません。

　本書に登場される料理研究家の上田淳子さんは兵庫県神戸市のご出身。「春になるとやはりくぎ煮は作りたいし、食べたくなりますね」と笑顔で仰られていました。みなさんが住む地域にも、春を告げる食べものがあるかもしれません。もし興味がわいたら、調べて作ってみませんか。

春

はじめての旬レシピ

たけのこの照り焼き

手をかける時間はないけれど、
「これならできるかも！」と思える旬のレシピ。
このレシピなら、
既にゆでられたたけのこを焼くだけ！
いつもとちょっと違う香ばしさを楽しめます。

料理：上田淳子

もちろん、自分で
ゆでたものも最高です

今年の新物・ボイル済みのものを使って、
まずは手軽にたけのこ料理に慣れていきましょう。
汁気も出にくく、ごはんに合うので、お弁当にもおすすめです。
作っている間もいい香りがたまりません！

from Junko

材料（2人分）

ゆでたけのこ（新物）…250g
サラダ油…大さじ1/2
みりん…大さじ1
しょうゆ…小さじ2
粉山椒（あれば）…少々

1 切る

たけのこは縦半分に切り、3cm幅ぐらいのくし形に切り、ペーパータオルで水気をしっかりふき取る。

2 焼く

フライパンに油を引き中火にかける。熱くなったらたけのこを並べ、焼き色がつくまで片面3〜4分を目安にじっくり焼く。

3 味つけする

こんがりと焼き色がついたら、みりんとしょうゆを加え、フライパンをゆすりながら汁気がなくなるまで照り焼きにする。器に盛ったら好みで粉山椒をふる。

焼き始めはいじらずに。じりじりと焼き目をつけることを意識して。

春のたのしみ 1

うどんのお出汁は主張の強すぎないものを。たけのことわかめの味が引き立ちます。

旬の楽しみの中でも、春の旬は特別なもの

長い冬が終わって、様々なものが芽吹き出す時季というのはわくわくもするし、新たな四季が始まる高揚感もありますね。14ページで、上田淳子さんが教えてくれたたけのこの照り焼きはボイル済みのものを使われています。下処理からトライするのはハードルが高いという人も多いでしょう。取材したとき、上田さんは「ボイル済みのものでも、今年のたけのこを使ったものはやっぱり味が1ランク違う。それを使ってまずは簡単に焼くところから始めてはいかがですか？」と教えてくれました。

私も手軽に楽しみたいとき、新物のボイルたけのこをよく使っています。春はわかめも新物が出る季節。さっと洗えばすぐ使える生わかめが、スーパーの魚介コーナーに並んでいると思います。たけのこと合わせて、う

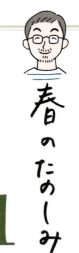

どんの具にするなんてのもおすすめ。たけのことわかめは相性良しとして知られ、一緒に煮たものは「若竹煮」という名前でも呼ばれています。

春の訪れの象徴、菜の花は意外にも11月から早々にスーパーに並びます。

春らしさを食卓に添えるなら、菜花

11月ぐらいから様々な品種の菜花がスーパーに並びますが、2月半ばぐらいに使うと、春を予感させていいものです。買うときは茎の切り口を見て、みずみずしいものが鮮度のいいものですよ。買ってきたらボウルに水を張って、15分程度つけてください。そうすると茎や葉にハリが戻り、食感がよくなります。すぐ使わないときでも、冷蔵庫にしまう前にこれをすると、もちが違います。

小ぶりなものなら、熱湯で1分もゆでてざるにあげておけば火が通ります。粗熱が取れたらしぼって、そのままおかかとしょうゆで食べてもいいし、おひたしやごま和えにしてもおいしい。おひたしは、めんつゆを好みの薄さに割って、軽く和えるだけでもおいしいですよ。

こんなのもどう？

春のキャベツでつくる お好み焼き

いつものお好み焼きも、春が旬のキャベツで作ると絶品！
春のキャベツは特有の甘さが引き立つんです。

料理：今井真実

from Mami

たっぷりのキャベツを最小限の小麦粉と卵でまとめて、
山芋でふわりとさせ、かつお粉でうまみをつけます。
キャベツのみじん切りが大変だったら、
千切りキャベツを買ってきてもいいですよ。

【基本の生地】

材料（作りやすい分量　約2枚分）

キャベツ…4枚（200g程度）
山芋…80g
卵…1個
小麦粉…大さじ2
かつお粉…3g程度
塩…小さじ1/4

1 **野菜の準備をする**／キャベツを粗みじん切りに、山芋はすりおろす。もしくは二重にしたポリ袋に山芋を入れて上から叩く。※二重にするのは破れないようにするため

2 **生地を作る**／ボウルに**1**、卵、かつお粉、塩を入れて全体をへらでよく混ぜる。

3 **混ぜる**／最後に小麦粉を加えて、再度さっくりとよく混ぜる。

基本の豚玉

材料（1枚分）

豚こま肉…70g
「基本の生地」…上記の半量
サラダ油…大さじ1
お好み焼き用ソース、かつお節、青のり…適量

1 **焼く**／フライパンに油を入れ中火で熱し「基本の生地」を円形に焼く。

2 **肉をのせて裏返す**／豚肉を広げてのせ弱めの中火にして焼く。生地の端が茶色になったら裏返し、さらに2〜3分焼く。

3 **盛りつけ**／皿に移しソース、かつお節、青のりをお好みでかける。

お好み焼き バリエーション

基本のお好み焼きにアクセントになるような材料をそれぞれ合わせて。アイデア次第で変幻自在！

コンビーフのお好み焼き

材料（1枚分）
コンビーフ…40g（1/2缶）
「基本の生地」…P19の半量
卵…1個
サラダ油…小さじ1
とろけるチーズ、お好み焼きソース、フライドオニオン…各適量

1 焼く／フライパンに油を入れ中火で熱し「基本の生地」を入れて円形に焼く。

2 コンビーフをのせて裏返す／コンビーフをのせ、弱めの中火で焼く。熱された油をスプーンでコンビーフの表面にかけながら焼くとカリっと仕上がる。生地の端が茶色になったら裏返し、さらに2分ほど焼き皿に移す。

3 盛りつけ／同じフライパンに卵を割り入れ、チーズをのせ、ふたをし1〜2分チーズが溶けるまで焼く。**2**にソース、目玉焼き、フライドオニオンをかける。

しらすのお好み焼き レモン風味

材料（1枚分）
しらす…50g
「基本の生地」…P19の半量
青ねぎ、大葉…お好みの量
ごま油…大さじ1
レモン…1カット
黒こしょう、しょうゆ、ポン酢…各適量

1 焼く／フライパンにごま油を入れ中火で熱し「基本の生地」を円形に焼く。その際に少し生地をとっておく。

2 しらすをのせて裏返す／しらすをのせ、その上から**1**で残した生地をかけ、弱めの中火でさらに2〜3分焼く。途中、熱されたごま油をしらすにかけながら焼くとカリっと仕上がる。生地の端が茶色になったら裏返し、さらに2分ほど焼く。

3 盛りつけ／ 皿に移し、青ねぎ、大葉を好みの量のせ、黒こしょうをふる。しょうゆかポン酢をかけレモンを添える。

季節のごはんもの

料理：しらいのりこ

グリーンピースとベーコンの炊き込みごはん

旬のもののうまみをたっぷり抱えこんだごはんは、それだけでごちそう！

材料（2人分）

米…2合（研いでおく）
グリーンピース（生）…100g（正味）
塩…小さじ1
ベーコン（薄切り）…2枚（40g）
出汁昆布…3㎝
オリーブオイル…大さじ1
黒こしょう…少々

1 下準備をする／グリーンピースはさやから外す。鍋に水2カップ、塩小さじ1を入れ、グリーンピース、昆布を加えて、5分間ゆでる。そのまま冷まし、ゆで汁はとっておく。グリンピースをざるにあげる。

2 具材を合わせる／ベーコンは1㎝幅に切る。炊飯器に米を入れ、1のゆで汁、昆布を入れて、2合の目盛りまで水を加え、ベーコンをのせ、オリーブオイルをまわしかけて炊く。

3 盛りつけ／炊き上がったら1のグリーンピースを加えて混ぜる。うつわに盛り、黒こしょうをひく。

春は豆の季節。私が毎年待ち遠しくしているグリーンピースで炊き込みごはんを。フレッシュな豆はとてもいい出汁が出るんですよ。

from Noriko

春のたのしみ 2

山菜の天ぷらを食べると、四季が新しく始まったなあ……という気持ちになります。

思い切って山菜の天ぷらに

春は山菜が食べたい、という人も多いのではないでしょうか。でも、使うのは難しそうと手に取らないまま年を重ねてしまっているという人も多そう。私もそのひとりでした。特に天ぷらなど大変そうですもんね。あるとき取材で山菜採りに行き、たくさんの良質な山菜をおみやげにいただいて「もう、揚げるしかない！」と観念しました。市販の天ぷら粉が優秀で、初心者でもよく揚がるとは聞いていたのですが、そのすごさを実感。油をあたため、菜箸を入れてすぐ泡が出るぐらいまで待ち、裏書の説明のとおりに衣を作って揚げてみたら……売りものみたいにカラッと揚がってうれしかったですねえ。塩をかけて食べただけで最高においしい。思い切ってやってみたあの日から、揚げものにちょっとずつ慣れて

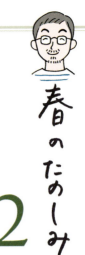

いくことができ、いろいろなものを揚げています。

山菜の中でも下ごしらえの簡単なこごみ。サッとゆがけば食べられる。

山菜初心者にやさしい「こごみ」

山菜は下ごしらえが面倒なものもありますが、使いやすさでいえばトップクラスなのが、こごみです。黒ずんでいるところは切り落とし、熱湯で10秒もゆがけば食べられる手軽さが魅力。くせもなく、さっぱりして食べやすい。春の野からさっき出てきたばかり、みたいな見た目がまたいいんです。

私はすりごまとめんつゆで和えて、ごま和えにするのが好きですが、サラダに加えてもよし、肉のつけあわせにもよし。和風パスタの彩りにトッピング……なんて使い方もおすすめ。ちらし寿司にのせるのも、ぐっと春らしい見た目になっていいものです。スーパーで見かけたら、試しに使ってみませんか。

知られざる旬野菜

セロリと豚肉のフライパン煮こみ

春は意外にもセロリが旬です。
肉厚で茎がしっかりと太いものがおすすめ。
切り口は白く、きれいなものがおいしいですよ。

料理：井原裕子

from Yuko

セロリは生で食べるイメージが強いかもしれませんが、
煮こんでくったりさせてもおいしいんですよ。
煮る・生・炒めると3パターンの使い方をご紹介します。

材料（2人分）

豚肩ロース厚切り肉（ソテー用）…2枚（200g）
セロリ…1本（150g）
じゃがいも…2個（220g）
オリーブオイル…大さじ1
塩、こしょう…各少々

A
水…200mℓ
白ワイン…大さじ3　※なければ省いてもよい
塩…小さじ1/2（粗塩を使用）
こしょう…少々
にんにく…1かけ
ローリエ…1枚

1 **材料の下準備をする**／セロリは葉と茎に分け、茎は筋を取り4cm幅に、根元は大きい部分は半分に切る。葉は仕上げ用に少し取り分けて、残りはざく切りにする。じゃがいもは一口大に切り、水に3分ほど浸け、水気を切る。**A**のにんにくは縦半分に切る。

2 **豚肉を焼く**／豚肉は大きめの一口大に切り、塩、こしょうを両面にふる。フライパンにオリーブオイルの半量を入れて中火で熱し、豚肉を入れ、焼き色がついたら裏返し2分焼く。

3 **煮る**／フライパンに**1**、**A**を入れ強火にし、煮立ったらふたをして弱火で10分煮る。

4 **盛りつける**／器に盛り、残りのオリーブオイルを回しかけ取っておいたセロリの葉をちらす。

知られざる旬野菜

セロリの春雨サラダ

シャキシャキの生のセロリと、やわらかい春雨の食感の対比を楽しんで。

材料（2人分）

セロリ…1本（150g）
緑豆春雨…60g
ロースハム…2枚
（薄焼き卵）
卵…1個
A　塩…少々
　　酒…大さじ1
　　片栗粉…小さじ1/3
サラダ油…小さじ1/2
（ドレッシング）
しょうゆ…大さじ1と1/2
水…大さじ2
酢…大さじ2
砂糖…大さじ1
ごま油…大さじ1
こしょう…少々

1 **セロリを切る**／セロリは葉と茎に分け、茎は筋を取り3〜4cm幅に切って薄切りにする。葉はざく切りにする。

2 **卵焼き・ハムを細く切る**／ボウルに**A**を混ぜ、卵を割り入れて溶きほぐす。フライパンに薄く油をひき中弱火にかけ、薄焼き卵を作る。冷めたら4等分に切ってから千切りにする。ハムは3等分に切り細切りにする。

3 **セロリの葉をゆでる**／鍋に湯を沸かし、セロリの葉を入れさっとゆで、冷水にとり冷ます。

4 **春雨をゆでて味つける**／湯を再沸騰させ、春雨を入れて袋の表示通りにゆでる。水気をよく切ってからボウルに入れ、さらにドレッシングの材料をすべて入れて合わせ混ぜ、粗熱を取る。

5 **合わせる**／ボウルで**1**、**2**、**3**を合わせよく混ぜる。

春

知られざる旬野菜

セロリと ちりめんじゃこの おかか炒め

かつお節がうまみにもなりつつ、余分な汁気を吸って食感をよくしてくれます。

材料（2人分）

セロリ…1本（150g）
ちりめんじゃこ…20g
サラダ油…小さじ1
かつお節…1袋（2g）
A 酒…大さじ1
みりん…大さじ1
しょうゆ…大さじ1/2

1 セロリを切る／セロリは葉と茎に分ける。茎は筋を取って縦半分に切り、ななめ薄切りにする。葉はざく切りにする。

2 炒める／フライパンに油を入れて中火で熱し、セロリの茎、ちりめんじゃこを入れて2〜3分炒める。

3 炒め合わせる／**A**、セロリの葉を加えて汁気を飛ばしながら炒め合わせ、かつお節を加えて混ぜる。

右ページのサラダは生のセロリの食感を楽しんでほしいレシピです。このページのちりめんとおかかとの炒め物は、私の大好物。これが食べたくてセロリを買うことも多いんです。

from Yuko

春

春のたのしみ 3

内側の黄緑色があざやかな春キャベツ。水分を多く含んでやわらかい食感です。

春キャベツのみずみずしさを存分に楽しむ

今井真実さんの作るお好み焼きのところ（18ページ）にも出てきましたが、春キャベツはみずみずしくてクセのない食べやすさが魅力です。通年手に入るキャベツは独特の青い匂いがありますが、春キャベツはそれがほぼないので、お子さんでも食べやすいように思います。

春キャベツの時期、私がまず作りたくなるのはコールスロー。7ミリ幅程度に切って軽く塩して水気をしぼり、マヨネーズとこしょうで和えてトーストにはさんで食べると、たまらないおいしさ。熱々のトーストと冷たいキャベツの対比がまたいいんです。38ページでは重信初江さんがコールスローを使ってハムサンドの作り方を教えてくれていますので、ぜひお試しください。

春のおつまみの代表格、春キャベツとホタルイカのソテー。お酒が進みます。

旬のもの同士、ホタルイカと楽しむ

春キャベツを使ったメニューもいろいろですが、同時期に出回るホタルイカと炒めると、塩と少々の酒だけで抜群においしい組み合わせとなります。ホタルイカはそのままでもいいけれど、目と軟骨、くちばしを取り除くとさらに食感がよくなりおいしさもアップ。おいしさ優先でここはひと手間かけたいところです。

下処理をしたら、ひと口大に切った春キャベツと一緒に、にんにくとオリーブオイルで炒め、フライパンが熱くなったところでお酒か白ワインをひとふりして、塩、こしょう少々をすれば完成。とてもシンプルなのに、本当においしいです。キャベツといえば33ページでご紹介している樋口直哉さんのレシピ。こちらはおいしさのあまり撮影中にスタッフからため息がこぼれました。ぜひお試しください。

こだわり旬メシ！

新じゃがと牛肉の煮つけ

料理：樋口直哉

みずみずしい新じゃがは春の楽しみ。皮が薄いので、そのまま使える手軽さも魅力です。皮から感じられる土の香りと、ホクホクした食感を同時に楽しんでください。

春

実は新じゃが出回る時期は年に2回あり、春先から6月ぐらいまでは九州産のものが、秋口には北海道産のものが出回ることが多いです。新じゃがは皮の香りが魅力。ぜひ、皮ごと食べてみてくださいね。

from Naoya

材料（2人分）

新じゃが…300g
牛切り落とし肉…100g
しょうゆ…大さじ1
砂糖（上白糖がおすすめ）…大さじ1
水…150mℓ
サラダ油…小さじ1

芽が出ておらず、持ったときに重量感があるものを選んでください。また、家で置いておく際は常温よりも冷蔵庫の野菜室がおすすめです。

1

新じゃがを一口大（3cm大程度）に切りそろえる。

＊全部を同じぐらいの大きさにそろえることで、煮る時間も短くなります。

2

鍋に油、牛肉を入れて中火にかけ、しょうゆと砂糖を半量ずつ入れて、牛肉を軽く炒める。

＊これは肉に下味をつけるという意味と、砂糖としょうゆと牛肉を炒めつつ軽いコゲを作ることで、料理全体の風味を作り出す、という両方の意味があります。

3

新じゃがを加え、水を少しずつ入れて、鍋肌にできたコゲの部分を溶かすように全体を混ぜあわせる。

4

水を全て入れたら、新じゃがを下に敷き、牛肉を上にのせる。残りのしょうゆと砂糖を加えて、落としぶたをして中火でフツフツと煮る。

5

7分ほど経ったら、一度竹串で新じゃがを刺し、硬ければさらに煮る。長くてもトータル12分ほどで煮上がる。水分が足りなくなったら、その都度水を少々足す。

*じゃがいもにより煮上がりの時間が前後します。また、新じゃがの味を引き立てるため、薄味にしています。味見をして物足りなければ、しょうゆ小さじ1程度を加えて再度軽く煮てください。

下ごしらえのポイント

新じゃがは皮ごと食べられるので、手で軽くこすりながらよく洗ってください。

こだわり旬メシ!

キャベツのフライパン焼き チーズソース添え

料理：樋口直哉

キャベツは軽く焦がすと肉のようないい香りが出ます。そして葉の重なりごと口にしたときの食感と味わいが実においしい。葉の層が生むおいしさをいかしたレシピです。

キャベツはミルク系のソースとの相性がとてもいいので、今回はブルサンチーズ（ガーリック＆ハーブ）を使ってソースを作ります。これ１つでハーブやガーリックの香りも含むので、手軽に複雑な味わいのソースが作れるんです。

from Naoya

材料（2人分）

キャベツ…1/4玉
オリーブオイル…大さじ2
バター…20g
塩…少々
〈チーズソース〉
ブルサンチーズ
　ガーリック＆ハーブ…50g
牛乳…30㎖

ブルサンチーズはスーパーなどで手に入ります。キャベツは持ってみて重いものが水分が多く含み、鮮度のよいもの。

1

チーズソースを作る。ボウルにブルサンチーズを入れてゴムベラで練り、牛乳を少しずつ入れて伸ばす。

2

キャベツは芯をつけたまま2等分に切る。

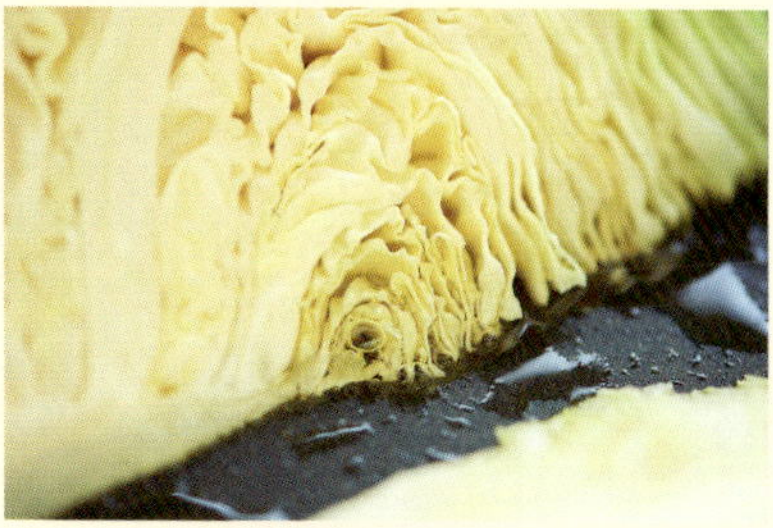

3

フライパンにオリーブオイルをひき、断面を下にしたキャベツを入れ、中火で30秒焼いたら、一番弱い火力に落とす。

＊コンロやフライパンによって火の伝わり方が違うので、30秒という時間はあくまで目安にしてください。パチパチという音を合図に弱火にしてください。オリーブオイルをたっぷり使って焼くことでコクが増し、均等に焼き目がつきます。

4

さらに10分ほど焼く。8分たったら一度様子を見て、こんがりと焼き色がついているようなら、キャベツを返して反対側を焼く。まだ焼き色がついていない場合は、さらに1〜2分焼く。

5

キャベツを返し3分ほど焼き、写真のような色目になっていたらバターを加える。

6

溶けたバターをスプーンでキャベツの芯にかけつつ、さらに火を通していく。お皿にチーズソースを敷き、キャベツをのせ、塩(あれば粒の大きいもの)をふる。

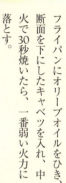

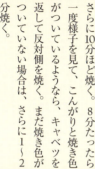

基本の「キャベツの浅漬け」

野菜をなかなか使い切れないとき、漬物の作り方を覚えておくと便利です。春の時期に出回る春キャベツなら、
食感もやわらかくて格別のおいしさがあります。
見た目からみずみずしく、ハリのあるものを選びましょう。

レシピ：重信初江

季節の
保存食

季節野菜のクイック漬物

キャベツの漬物は私の大好物！
日常的に作って、箸休めやおつまみに楽しんでいます。
春キャベツなら甘みも強く、漬物にしてもその甘みを
しっかり味わえるのが魅力です。

材料（作りやすい分量）＆用意するもの

キャベツ…300g
酢…大さじ1
塩…小さじ1（塩の量＝キャベツの重さの2％
　と覚えておくと便利）

ポリ袋…1袋

1 キャベツを切る

キャベツは5㎜幅くらいの細切りにしてポリ袋に入れる。

2 調味料を加える

酢、塩をポリ袋に加える。

3 ふる

ポリ袋に空気を入れて、まんべんなく調味料が全体になじむよう口を閉じて数回ふる。

4 軽く揉む

空気を抜いて口を縛る。時々ポリ袋の上から軽く揉み、しんなりするまで30分〜1時間くらいおく。すぐに食べない場合は冷蔵庫へ。

＊保存期間：冷蔵3日

ひと玉買ったときの大量消費にも便利な作り置きです。

春

キャベツの浅漬けの味のアレンジと、浅漬けを利用したサンドイッチをご紹介。
ベースがシンプルなので、＋αで味つけしてもすっとなじむのがいいところ。

from Hatsue

キャベツの浅漬けカレー風味

シンプルな浅漬けに彩と風味のアクセントを加えて。

材料（2人分）

キャベツの浅漬け…今回作った全量
（しぼっておく）
にんじん…30g
カレー粉…小さじ1/2

1 にんじんは千切りにする。

2 ボウルに1とキャベツの浅漬け、カレー粉を入れてよく混ぜる。全体がしんなりするまで最低15分以上おき、味をなじませる。

ハムキャベツサンド

マヨネーズを加えることでコールスロー風に早変わり。

材料（2人前）

キャベツの浅漬け…今回作った半量
（しぼっておく）
マヨネーズ…大さじ1/2
ハム…2枚
好みのパン（コッペパン、
ドックパンなど）…2個

1 ハムは4等分に切っておく。キャベツの浅漬けをボウルに入れてマヨネーズを加えよく混ぜる。

2 パンに切り込みを入れて1を挟む。黒こしょうをお好み（分量外）でふる。

春

甘い香りの いちごとバナナのジャム

もうひとつ、季節の楽しみといえば
それぞれの旬のフルーツ。
そのみずみずしさと甘酸っぱさを瓶に詰めて
楽しみましょう。
「なるべく最小限」で作れるジャム、
春は、いちごとバナナのジャムです。

レシピ：堤 人美

季節の
保存食

かんたん旬ジャム

材料（作りやすい分量）

いちご…2パック（約500g）
バナナ…2本（約240g）
グラニュー糖…350g
レモンスライス…4枚
レモン汁…大さじ1

＊下準備

ジャムを保存する瓶は鍋で20分ほど煮沸してから自然乾燥で乾かしておく。

1 いちごとバナナを切る／いちごはヘタの下の部分から切り取り、固い軸が残らないようにする。大きいいちごは半分に切り、水分が出やすいようにする。バナナは皮をむき筋を除き、1〜2㎝幅に切る。

2 混ぜ合わせる／ボウルに**1**、レモンスライス、グラニュー糖を入れて全体をざっくり混ぜ合わせ、ラップをして常温で5時間ほど置く。

3 こして火にかける／ボウルからレモンスライスを取り出し、ざるでこしてフルーツとグラニュー糖の液体に分け、液体の方を鍋に入れて強火にかける。

4 実を加える／沸騰して鍋中が泡立ち、とろみがついたら実を加えて煮ていく。

5 煮詰める／アクを取りつつ強火のまま煮詰めていき、バナナが溶けてほぼなくなったら、少量を冷たいお皿にとってみて、固まるようであればレモン汁を加えて完成。熱いうちに瓶に詰め、冷めるまで逆さにしておく。

いちごは小粒で熟したものがジャムには向いています。
バナナに甘さがあるので、
いちご自体はそんなに甘いものでなくて大丈夫。
グラニュー糖の量は、目安として
いちごとバナナの総量の約半分です。

from Hitomi

取り除いたアクはシロップになります。炭酸で割るのがおすすめ。瓶で保存し、レモンスライスを一緒に入れても。

それぞれの旬

春に楽しみたい、いちごの寒天と、季節の甘いもの ——なかしましほさん

私が気になる人の「旬の楽しみ方」も、聞いてみました。今回は、なかしましほさん。出版社勤務、料理人を経て料理研究家に。2006年からお菓子工房『ｆｏｏｄｍｏｏｄ』の活動をスタート。毎日でも食べたくなる素朴な味わいのお菓子は多方面から熱い支持を受けています。そんな、なかしましほさんの、旬の甘いもののお話です。

「春は、祖母の畑で摘んだいちごを毎日のように食べて育ちました。四季の旬というと、思い出されるものは祖母の畑で採れたものが多いんです。私は新潟県の中条町（現・胎内市）というところの生まれなんですが、子どもの頃、春になると畑に寄っていちごを食べるのが楽しみで……。今、その畑では両親が野菜を育てていて、季節ごとにいろいろなものを送ってくれます。

いちごは生ならそのまま食べるのが一番好きですね。新潟産の『越後姫』といういちごが大粒で甘くて、とってもおいしいんですよ。

春になるといちごの寒天を添えたあんみつを作って食べるのも楽しみです。いちごをミキサーにかけて裏ごしして、寒天とグラニュー糖で煮て固めます。強火で短時間サッと加熱することで、いちごの甘酸っぱさや風味を残すのがポイント。いちごをそのまま食べているような寒天です。白玉団子は半量を豆腐で作っています。豆腐の風味も感じられて、やわら

かく仕上がるんです。蜜はきび砂糖で作って、ミルクアイスを添えて出来あがり。いちごだと、ババロアも作りますが、これは家族が必ず毎年リクエストしてくれるもの。いちごって、軽く火を入れたり、しっかり加熱したりして食べるのも大好きなんです。

今、鎌倉の山のほうに住んでいるのですが、自宅の庭で採れるふきのとうやたけのこも春の楽しみ。ふきのとうは天ぷらや、ふき味噌にして、たけのこは採りたてを生で食べたり、出汁で煮たり。ふきも採れるんですが、一度がんばってアンゼリカ（※砂糖菓子のこと）を作りました。佃煮にもします。

夏は、親が育てたスイカを送ってくれます。大きいものを2つも送られてくると、少し途方にくれます（笑）。そういうときはジュースにすることが多いかな。種ごとミキサーに入れて漉して、ちょっとだけ塩を入れて飲むとおいしいんですよ。

秋は栗ですね。栗あんが大好きです。栗をゆでて、中を出して、砂糖控えめにさっと煮たもの。潰してもいいし、そのままトーストにのせても。

冬は、なんといってもおしるこ。あんこが好きで1年中食べている私にとって、おしるこに餅はいりません。あんこだけでいいんです。自分で炊くこともありますが、買うならば紀ノ国屋で買える「山清」の、粒あんなら生協（ｃｏｏｐ）オリジナルのがおいしくて気に入っています。」

幼少の頃から季節の果実の記憶が色濃く、味わい方、楽しみ方を知るなかしまさんだから出せる、素朴な味わいのお菓子たち。春のいちごの寒天、ぜひお試しを。

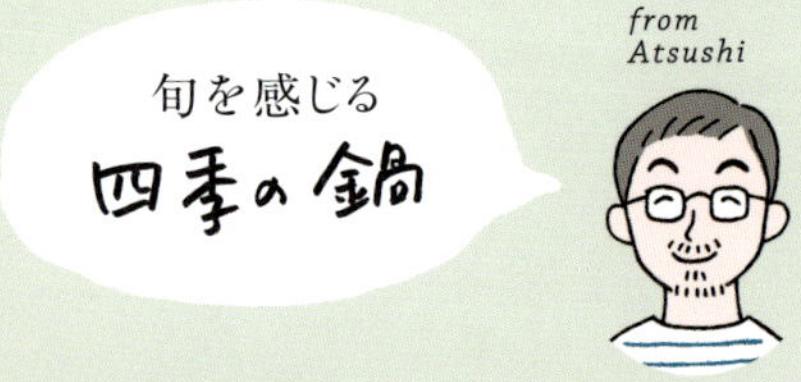

ひと足先に春を感じる「春はもうすぐ鍋」

　春の山菜が出回り始める2月頃、うちでよくやるのが同じく旬の牡蠣を合わせた鍋。技術が進んで、牡蠣も一年中食べられるようになっていますが、やっぱり冬のいちばん寒い頃の牡蠣は身もふっくらとして大きく、スーパーで見かけるとカゴに入れてしまいます。冬が旬とされるものと春の山菜を合わせるというのもナンですが……おいしいから、いいかなと(笑)。「春はもうすぐ鍋」なんて命名して呼んでいます。

　牡蠣は、必ず加熱用と書かれたものを選んでください。加熱してもしっかりおいしく味わえるように考えて育てられたものが詰まっています。ざるにとって1パックに対して大さじ1ぐらいの塩をふり、全体をやさしく混ぜて、流水で1個ずつよく洗い流し、きれいなざるに再び入れて水気を切りましょう。昆布出汁を鍋に入れ、洗ったうるい、せり、他にえのきや新わかめなどと一緒に鍋に入れて煮て、好みのぽん酢でどうぞ。牡蠣は煮立ったところに入れて1分30秒ぐらい煮てから食べてください。いろんな食感が楽しめる鍋でもあります。

うるいとせりと牡蠣の鍋

[材料]

（具材）加熱用牡蠣、うるい、せり、新わかめ（生）、えのきなど好みのきのこ…お好みの量、昆布出汁…全体がひたひたに浸る量、ぽん酢しょうゆ…適量

[作り方]

❶牡蠣は、塩を大さじ1ほど（分量外）ふり、さっと揉んで流水で洗い水気を切る。

❷鍋に昆布出汁を入れて沸かし、下処理をした牡蠣、食べやすい大きさに切った他の具材を加え、火が通るまで煮る。ぽん酢しょうゆで食べる。

夏

じりじりと太陽が照りつける暑さの中。
ぎゅっと水分を閉じ込めたようなものが多い、
夏が旬の野菜たち。
最低限の手間で最大限にその魅力をいかしたレシピを、
たくさん教えてもらいました。

お品書き

◆とうもろこしごはん
◆ペットボトルのお茶で作る　冷やし茶漬け
◆合いびき肉とゴーヤのカレーチャーハン
◆ししとうつくねの照り焼き
◆ししとうとミニトマトの軽い煮こみ
◆ししとうと豚バラ肉のにんにく塩炒め
◆わかめのしゃぶしゃぶ　緑酢だれ
◆なすのグラタン
◆なすの浅漬け
◆ブルーベリーのジャム

夏

essay

夏の旬は癒しだ

私の祖父母の家は農家でした。夏休みに遊びに行くと、食卓の上にはゆでたとうもろこしがどっさりと置かれて、黄色がなんとも鮮やかで。おやつ代わりに食べていたことを懐かしく思い出します。山からの湧き水が流れる水路には、大きなスイカが冷やされていて、割るとこれまた鮮やかな赤い実があらわれる。その瞬間がうれしくてしょうがありませんでした。畑から採りたてを食べていたのですから、今思えばぜいたくですね。

時代はまだ昭和！　親戚が集まるお盆の時期の食卓は大人数で、おかずは決まって天ぷらでした。大鍋で一度にたくさん作れる揚げものが便利だったのでしょう。叔母が天ぷら名人で、かっぽう着姿で揚げていました。なすやとうもろこし、いんげんなどの夏野菜もたっぷり。その脇にはゆでたての枝豆が山盛りでした。今思えば帰省中は、旬に

囲まれていたのだなと。周囲は畑と水田ばかり、空には天の川、夜にはかえるの大合唱です。自然豊かな地域を田舎にもてたことは幸せでした。

しかし近年の夏の暑さは異常です……！　少し外を歩いて太陽を浴びるだけで、体力を消耗しているのを感じてしまいます。水分補給を心がけると同時に、体が旬のものをより求めるように私はなりました。暑さで汗をかいた後、きゅうりやなす、すいかにトマトなど旬のものを口にすると、体から熱が引いていくような感覚があってとても心地いい。しっかり熟れたトマトと小さめの氷をブレンダーにかけて作る即席フレッシュトマトジュースは、私の夏のレスキュードリンクです。最近では生で食べられる水なすも全国で手に入りやすくなりました。軽く冷やしてかぶりつくと爽やかで実にいいもの。夏の旬は癒しにも通じるものが多いなと思っています。

はじめての旬レシピ

夏

とうもろこしごはん

炊飯器を開けた瞬間に立ち上がる
湯気と甘い香りにうれしくなること
間違いなしの、とうもろこしごはん。
たくさん作って、
おにぎりにしておくのもおすすめですよ。

料理：上田淳子

皮にもハリがあるものが
みずみずしい証拠です

太くて、ひげが茶色いものが鮮度がよくておいしいもの。
ポイントは「食べる日に買う」こと！
時間が経つにつれてどんどん水気が失われてしまうので、
気をつけましょう。

from Junko

材料（作りやすい分量）

米…2合
とうもろこし…1本
塩…小さじ2/3

＊下準備

米を洗って水気を切り、炊飯器の内釜に入れ、2合の線まで水を入れ30分ほど浸水させる。浸水の間はできれば冷蔵庫へ。冷水から炊くとお米がより甘く炊き上がります。

1 とうもろこしの粒を取る

とうもろこしは皮をむき、ひげを取る。長さを半分に切り、包丁で実を削るようにして粒を取る。

2 炊飯する

炊飯器の中に塩を入れて混ぜる。一緒にとうもろこしの粒と芯を入れて炊飯する。炊き上がったら全体をふんわり混ぜほぐす。

もし、粒が残っても、刃でこそげ落とすようにして粒を取りましょう。

夏のたのしみ 1

ぎらぎら照りつける太陽に負けない夏野菜。食卓が一気にカラフルになります。

トマトひとつ加えるだけでも、旬ごはん!

夏は野菜の色がいちばん華やかで明るく映える季節です。つやつやとして表面にハリのあるものが、水分をたっぷりその実にたくわえた鮮度のよいもの。どれでもいいやと適当にカゴに入れず、買うときにちょっと見比べてください。といっても、私も最初は違いがまったく分かりませんでした。自炊するようになって何度もスーパーに通ううちに、気がつけばハリのある無しがなんとなく分かってきたというか……。見慣れるまでは誰しも時間がかかるので、ここは訓練だと思いましょう。

色あざやかな夏野菜は、切ってサラダにするだけでもおいしい。レタスはカット野菜でも構いません。そこに旬のトマトひとつ切って加えるだけでも、立派な旬ごはんです。

なす、オクラ、パプリカの焼きびたし。冷蔵庫に入れておけばうれしいストックに。

夏に試したい野菜の焼きびたし

夏野菜が使い切れないとき、我が家では焼きびたしをよく作ります。食べやすい大きさに切った野菜を炒めて、しんなりしたらポリ袋に入れて、全体にまわるぐらいのめんつゆを入れて口をしばれば仕込みはおしまい。めんつゆは「ちょっと濃いめかな」ぐらいがちょうどいいです。熱が取れたら冷蔵庫で保存、3〜4日はもちます。副菜にいいのはもちろん、そうめんにのっけて食べてもおいしい。写真はバットに並べていますが、ポリ袋で作るとめんつゆが少量で済みます。

ズッキーニやいんげん、ヤングコーン、ピーマンなどでやるのもおすすめです。酸っぱいものが平気なら、炒めてしんなりしているところにぽん酢をかけてそのまま一品にするのもいいですよ。食欲のないとき、酸味が箸を進めてくれます。

こんなのもどう？

ペットボトルのお茶で作る 冷やし茶漬け

夏

冷たいお茶漬けを試したことはありますか？
さっぱりと軽くいただけて、火を使わず作ることのできる、
夏にぴったりのごはんなんです。市販のお茶で簡単に作れます。

料理：しらいのりこ

アボカドと塩昆布の冷やし茶漬け

材料（1人分）

ごはん…茶碗1杯分
アボカド…1/4個
オクラ…2本（市販の冷凍オクラでも可）
塩昆布…小さじ1
白炒りごま…大さじ1
冷たい緑茶…適量

1 ごはんを洗う

ごはんは水でサッと洗い、水気を切っておく。

2 具をのせてお茶を注ぐ

アボカドは角切りにし、オクラはサッと洗い、塩少々で板ずりしたあと、小口切りにする。塩昆布、白ごまと一緒にごはんにのせ、緑茶を注ぐ。

from Noriko

冷やし茶漬けは、調味料を最低限にして、味とうまみのある食材をメインにすえるとおいしく仕上がります。冷たい緑茶、ほうじ茶、ウーロン茶とごはんの意外な相性の良さを体験してください。

冷やし茶漬け バリエーション

お茶漬けは本来あまりもので作るものです。慣れてきたら
レシピにしばられず、自由な組み合わせで楽しんでください！

蒸し鶏の冷やしウーロン茶漬け

材料（1人分）
ごはん…茶碗1杯分
蒸し鶏（市販のサラダチキンで可）…1/2枚
高菜漬け…15g程度
細ねぎ（刻む）…少々
冷たいウーロン茶…適量

1 ごはんを洗う／ごはんは水でサッと洗い、水気を切っておく。

2 具をのせてお茶を注ぐ／ほぐした蒸し鶏、高菜漬け、刻んだ細ねぎをのせ、ウーロン茶を注ぐ。

サバと梅の冷やしほうじ茶漬け

材料（1人分）
ごはん…茶碗1杯分
サバ水煮缶…1/2缶（90g程度）
梅干し（塩分15％程度のもの）…1個
みょうが（薄切り）…1本
青じそ…2枚
おろししょうが…小さじ1
冷たいほうじ茶…適量

1 ごはんを洗う／ごはんは水でサッと洗い、水気を切っておく。

2 具をのせてお茶を注ぐ／汁気を軽く切ったサバの水煮、みょうがの薄切りをのせ、青じそをちぎり入れ、梅干し、しょうがのすりおろしをのせ、ほうじ茶を注ぐ。

季節のごはんもの

料理：しらいのりこ

合いびき肉とゴーヤのカレーチャーハン

炒めるとき、フライパンを振る必要はありません。
ごはんを加えたら強火で一気に仕上げて。

夏

材料（2人分）

ごはん…500g
合いびき肉…200g
ゴーヤ…1/2本（120g）
しょうが…1かけ
カレー粉…小さじ2
酒…大さじ1
オイスターソース…大さじ1/2
塩…少々

1 **下準備をする**／ゴーヤは半割りに切ってワタをとり、3㎜幅に切る。しょうがは千切りにする。

2 **具材を炒める**／フライパンに合いびき肉を入れて中火で熱する。脂が出たら、ゴーヤ、しょうがを加えて炒める。

3 **ごはんを加えて味つける**／カレー粉を加えてひと混ぜし、ごはんを加えて、酒をふりかけ、全体をほぐし炒める。ほぐれてきたらオイスターソース、塩を加え全体をよく混ぜる。

ゴーヤが苦手な場合は、いんげんやパプリカ、ピーマンに代えても。お子さんには、カレー粉の量を少なくして辛さを調節してください。

from Noriko

夏のたのしみ 2

緑と黄色のズッキーニのじっくり焼き。ほくほくじゅわ～っと仕上がります。

夏野菜はじっくり焼きもおいしい

あれこれ手を加えて料理するのもいいものですが、じっくり焼くだけで生まれるおいしさというのもあります。上の写真は緑と黄色、2種のズッキーニを厚切りにして両面中火で2分ぐらい焼いて、塩、こしょうしただけのもの。私の大好きな一品です。このぐらいこんがり焼くと香ばしく、中の水分がよりみずみずしく感じられてきます。油も普通のサラダ油でいいし、塩や調理器具が特別なわけでもありません。焼くときは、触らずそのままで。菜箸などで動かすと、いい焼き色がなかなかつきません。油をひいてズッキーニをのせて中火にかけ、2分ほどたったら、最初にのせたのをひっくり返して焼き加減を見てみてください。

なすとズッキーニのにんにくハーブ焼き。仕上げにオリーブオイルを。

ハーブやにんにくで好みの風味をつけても

慣れてきたら、にんにくや好みのハーブを一緒に焼いて風味づけするのもたのしいですよ。左の写真はなすとズッキーニをにんにく、ローズマリー（ハーブの一種）と一緒に焼いたもの。じっくり焼くとき、にんにくをみじん切りにすると焦げついてしまうので、大きめに切ります。このときはひとかけを3等分ぐらいに切りました。ローズマリーのほか、タイムやオレガノもよく合います。

なすは油をいくらでも吸ってしまうので、じっくり焼きのときは少量の油でまず片面を2〜3分ほど焼き、裏返したら少々の水を入れてふたをし、再び2分ぐらいむし焼きにしています。こうするとさっぱり、やわらかく仕上がります。できたてに冷たいワインなんか合わせると、最高ですよ。

知られざる旬野菜

ししとうつくねの照り焼き

夏が旬のししとう。
とうもろこしやトマトなど使い勝手の良い、
ほかの夏野菜とくらべてちょっと使いづらい存在？
こちらでは、ししとうがメインになれるレシピを紹介。

レシピ：井原裕子

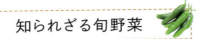

材料（2人分）

ししとう…8本
鶏ひき肉…200g
片栗粉…大さじ1
サラダ油…大さじ1/2

A
おろししょうが…小さじ1
白炒りごま…大さじ1
塩（粗塩）…ひとつまみ
こしょう…少々

B
酒…大さじ1
みりん…大さじ1
砂糖…大さじ1/2
しょうゆ…大さじ1と1/2

1 つくねを作る

ボウルにひき肉、**A**を入れ、粘りが出るまで混ぜる。手で大体8等分に分けておく。

2 ししとうをつくねで包む

ヘタの先を落としたししとうに片栗粉を薄くまぶす。手に水をつけて、1の1/8量を手に取り、ししとうをのせ肉を全体に軽くまとわせ包む。油をひいたフライパンに並べる。

3 焼く

中火にかけて3分ほど焼き、表面が白っぽくなるまで焼く。それぞれ返して、ふたをして弱めの中火にし、2分焼く。

4 煮からめる

フライパンに**B**を加えて中火に戻し、たれがトロッとするまで煮つめ、全体をからめる。

ししとうをやさしくつくねで包み込みます。

from Yuko

軽く炒めてシャキッとした食感をいかしても、しっかり加熱してクタクタにさせてもおいしいのが、ししとうのいいところ。ヘタの先の黒いところを少し切り落とせば、あとは丸ごと食べられます。

知られざる旬野菜

ししとうと ミニトマトの 軽い煮こみ

シンプルで飽きのこない、夏の一品。冷やして食べるのもおすすめです。

夏

材料（2人分）

ししとう…1パック（15～16本）
ミニトマト…1パック（12～15個）
A　水…200mℓ
　オリーブオイル…大さじ2
　粗塩…小さじ1/2
　こしょう…少々
　ローリエやタイムなど
　　お好みのハーブ…適量

1　ししとうに切れ目を入れる／ししとうはヘタの先を切り落とし、縦に浅く切れ目を入れる。ミニトマトはヘタを取る。

2　煮る／フライパンにA、ミニトマトを入れて中火にかけ、煮たったらふたをして弱めの中火で3分煮る。ししとうを加えてふたをして6~7分煮る。

ししとうに切れ目を入れるのは、汁を中まで含ませたいから。食べたときにジュワッとしておいしいですよ。

from Yuko

知られざる旬野菜

ししとうと豚バラ肉のにんにく塩炒め

豚バラ肉の脂の甘みと、ししとうのほろ苦さがいい相性です。

夏

材料（2人分）

ししとう…1パック（15〜16本）
薄切り豚バラ肉…150g
にんにく…1かけ
サラダ油…小さじ1
粗塩…小さじ1/2
こしょう…少々

1 下準備をする／ししとうはヘタの先を切り落とし、にんにくは皮をむいて2等分に切る。豚肉は3cm幅に切って塩、こしょうをふる。

2 炒める／フライパンに油を入れて中火にかけ、豚肉、にんにくを入れて炒める。脂が出てきたら、ペーパータオルで軽く全体を拭き取る。

3 炒め合わせる／豚肉の表面がカリッとするまで焼けてきたら、ししとうを加えて30秒ほどさっと炒め、塩、こしょうを加える。

薄切りの豚肉を炒めるときは、すぐに菜箸でほぐそうとせず、火をつけてからしばらくおいて、肉が温まってからやるとほぐれやすいですよ。

from Yuko

夏のたのしみ 3

オクラは輪切りにされたものが冷凍食品でもあり、とても便利ですよ。

夏にうれしいトマトとオクラの味噌汁

「好物は？」と聞かれると「味噌汁です」と答えています。自分の作る味噌汁が大好きで、暑い時期でもやっぱり飲みたくなる。特にトマトと味噌って相性がいいんですよー！　味噌のコクにトマトの酸味が加わるとさっぱりとして食べやすくなり、うまみは倍増。ここにオクラを加えた味噌汁が、私が愛する夏の味噌汁です。完熟トマトを水から煮ておいて、煮くずれてきたら味噌をとき入れます。出汁で煮てもいいのですが、暑い時期はトマトだけの出汁も軽い口当たりでいいもの。刻んだオクラを加えてサッと煮れば完成です。オクラの粘り気で全体がトロッとして、のどごしもなめらか。冷やしてそうめんのつけだれにしてもおいしい。その場合はちょっとめんつゆ（3倍濃縮）を加えるとなおよし。

ガラスのうつわがあると夏場に大活躍。目にも涼しく食欲が沸きます。

生野菜どっさりトマトそうめん

おいしいトマトはうまみと香り、酸味のバランスがいいですね。完熟トマトをざくざく刻んでオイルタイプのツナと合わせ、そうめんにのっけてめんつゆで食べるのは、すっかりうちの定番になりました。

　このときみょうがに大葉や細ねぎ、クレソンにスプラウトなど、生野菜を数種のっけると香りと食感が複雑になって実においしい。栄養もアップします。水煮のツナを使う場合は、仕上げにちょっとオリーブオイルやごま油をたらして全体を和えるとコクが出て、味のまとまりも生まれ、よりおいしくいただけます。

　夏は麺だけで済ますことも多くなりがちですが、たんぱく質を減らさないよう心掛けています。ツナのほか、カニカマやサラダチキンを加えるのも手軽でいいですね。

こだわり旬メシ！

わかめのしゃぶしゃぶ緑酢だれ

料理：樋口直哉

つるんとのど越しがよく、夏の食欲がない時期にもぴったりなわかめ。普段、味噌汁か酢の物にしがちですが、旬のきゅうりと合わせた、最高においしいわかめの食べ方をご紹介します。

夏

わかめの最盛期は5月頃。その旬のわかめが塩蔵されて春すぎから出回ります。こちらでは塩蔵わかめを使用。水で戻すと約3倍になります。

材料（2人分）

わかめ（塩蔵）…30〜40g程度
刺身用サーモン…100g
玉ねぎ…100g
水…1ℓ
酒…50mℓ
塩…小さじ1
〈緑酢だれ〉
きゅうり…1本
薄口しょうゆ
（なければ
濃口しょうゆで可）
…大さじ1
みりん…大さじ1
米酢…大さじ1
おろしわさび
…小さじ½

海藻類にはグリーン系の香りがあるのが特徴。夏が旬のきゅうりや、サーモンにも同様の香りがあり、同じ系統の香りを合わせると相性◎。

1

わかめの塩気を落とすため、ボウルに水（分量外）を入れてわかめを洗う。水を替えて二〜三度くり返す。

2

軽く水切りしたわかめをまな板の上で広げ、太い茎の部分を切り取る。やわらかい葉の部分は5〜6㎝長さに切り、茎の部分は食べやすい大きさに切る。

3

玉ねぎは皮をむき、輪切りにする。サーモンは7～8㎜幅に切る。鍋に水、酒、塩を入れて沸かしておく。

4

緑酢だれを作る。耐熱容器にみりんを入れて、電子レンジ（500W）で20秒加熱してアルコールを飛ばしたら、薄口しょうゆと米酢に合わせ、すりおろしたきゅうりとわさびを加えて全体をよく混ぜる。

5

沸いた湯にわかめを2～3回しゃぶしゃぶさせて、たれにつけていただく。玉ねぎやサーモンも同様にする。わかめとサーモン、わかめと玉ねぎを一緒に食べるのもおすすめ。

食べ方のポイント

きゅうりの緑色は時間が経つにつれ変色するので、作り置きには向きません。食べる直前に作り、その都度使い切ってください。また、野菜はレタスやにんじんの千切りなどサラダに使うものであればなんでも合います。

こだわり旬メシ!

なすのグラタン

料理：樋口直哉

まさに夏から秋口にかけて旬のなす。あえて、アツアツのグラタンにしていただきます。一度まるごと焼くことで、蒸し焼き状態でゆっくり加熱され、うまみ成分のグアニル酸が多く生成されます。

和風や中華でよく使うなすですが、クリーム系とも相性がいいんです。なすのトロッとした食感とクリーミーさが絶妙。一度焼くことで、余計な油や水分を吸いすぎることなく、しっとりと仕上がります。

材料（2人分）

なす…2本

生クリーム（乳脂肪分35％のもの）…100㎖

塩…小さじ1/8

こしょう…少々

にんにく（みじん切り）…少々

粉チーズ…適量

青じそ…1枚

なすは、持ったときにずっしりと重く、ハリがあり、色がきれいなものを選ぶのが正解。また、ヘタをめくってみたときにその下の白さが際立つものがよく育ったなすです。

1

なすは、茎から1㎝ぐらいを残してヘタを切る。こうすることで、後で皮がむきやすくなる。

2

縦に4か所、包丁の先で浅く切り目を入れてから、コンロの五徳に焼き網を置き、中火にかけてなすを回しながら焼く。オーブントースターの場合は1000Wで10～15分程度、魚焼きグリルなら強火で10分焼く。

＊火をしっかり入れることでこのあと、皮がむきやすくなります。大きさにもよりますが、コンロの場合は5分ぐらいかけて皮が黒くなるまで焼きましょう。

3

なすの一番下の部分を少し切り落とし、下から上にむけて、竹串を横に入れながら皮をむく。

＊熱かったらさっと水につけても構いません。

4

むいたなすを鍋に入れて、生クリーム、にんにく、塩、こしょうを加えて中火で煮る。ぐつぐつと沸いた状態で2分ほど煮詰め、軽くとろみがついたら耐熱皿に移す。

5

粉チーズを好みの量かけ、オーブントースター（１０００Ｗ）で3分30秒から4分ほど加熱する。軽く焦げ目がつけば完成。仕上げに、細切りにした青じそをのせる。

焼くときのポイント

五徳の上に置く、焼き網は１００円均一などの気軽なものでＯＫ。野菜は直火で焼くとおいしさが別格。ズッキーニやとうもろこしなどほかの夏野菜にもぴったりなので、１つあると便利です。

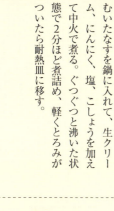

基本の「なすの浅漬け」

大袋のなすを買ったときは、ぜひ浅漬けに！

なすは鮮度が落ちやすく、日が経つとどんどん水分が抜けて軽くなるため、みずみずしいうちに使い切るのがおすすめです。

夏にぴったりな、さわやかなアレンジも２種ご紹介。

料理：重信初江

季節の
保存食

季節野菜のクイック漬物

材料（作りやすい分量）& 用意するもの

なす…3本
塩（粗塩）…小さじ2
水…150mℓ

ポリ袋…1袋

1 塩水をつくる

ボウルにポリ袋をかさね、水150mℓを入れて、塩を加えてよく溶かしておく。

2 なすを切る

なすはヘタを落とし、5〜6mm幅の輪切りにする。大きければ縦半分に切って半月切りまたはななめ切りにする。

3 ポリ袋になすを入れる

なすを1のポリ袋に入れて口を結ぶ。このときにできるだけ空気を抜いて、空気に触れさせないように口を結ぶ。そうすることで色がきれいに漬け上がる。

4 寝かせる

冷蔵庫で1日以上置けば漬け上がり。食べる量を袋から出したら、軽く揉んで水気をしぼってからいただく。

＊保存期間：冷蔵3日

なすが大きいサイズだったら、縦半分に切って半月切りにしてください。あるいはななめ切りでもOKです。食べやすい大きさに切ってくださいね。

from Hatsue

夏

どちらもさっぱりとして、蒸し暑い日なんかにぴったりの一品です。イタリアンのほうは、白ワインとも合いますよ。

from Hatsue

なすの浅漬け 梅肉和え

さっぱりとしていて、蒸し暑い日にもぴったりです。

材料（2人前）

なすの浅漬け…今回作った全量
（しぼっておく）
梅干し…1粒（種をとっておく）
砂糖…ひとつまみ

1 梅干しはたたいてペースト状にする。

2 ボウルに1となすの浅漬け、砂糖を入れて、全体を和えるようにして揉む。お好みでごま油やすりごまを少々加えても。

イタリアンな なすの浅漬け

洋風にしてもおいしいんです。白ワインやパンによく合います。

材料（2人前）

なすの浅漬け…今回作った半量
（しぼっておく）
バジルの葉…5～6枚
オリーブオイル…小さじ2
粉チーズ…適量

1 バジルの葉は小さくちぎる。

2 ボウルに1となすの浅漬け、オリーブオイル、粉チーズを加えて和える。

夏

さわやかな ブルーベリーのジャム

「なるべく最小限」で作れるジャム、
夏は、ブルーベリーのジャムです。
シンプルにパンやスコーンにぬったり、
炭酸水と割ってドリンクにしても
おいしいですよ。

料理：堤 人美

季節の
保存食

かんたん旬ジャム

材料（作りやすい分量）

ブルーベリー…400g
グラニュー糖…160g～200g
レモン汁…大さじ2

＊下準備

ジャムを保存する瓶は鍋で20分ほど煮沸してから自然乾燥で乾かしておく。

1 ブルーベリーを洗いヘタを取る

ブルーベリーは洗って、水気をよく切っておく。ヘタがついているものがたまにあるので、あれば取る。

2 混ぜ合わせておく

ブルーベリー、グラニュー糖、レモン汁を鍋に入れてさっと混ぜ、そのまま30分ほどおく。

3 煮詰める

グラニュー糖が溶けてきたら強めの中火にかけ、約10分ほどざっくりと木べら、またはゴムべらで混ぜながら煮て、混ぜたときに鍋底がすっと見えるくらいまで煮詰めたら完成。熱いうちに瓶に詰め、冷めるまで逆さにしておく。


ブルーベリーは一粒食べてみて、もしまだ酸っぱかったら、数日おいて追熟してみてください。

完成後2～3日ほどおいて熟させることで、よりおいしくなります。

ジャムの中でも特に手軽なのがブルーベリーです。

稼働時間30分もかからずに完成します。

from Hitomi

作り方も、材料もシンプル。素材は3つのみです。ぜひ最初のジャム作りにチャレンジしてみてください。

from
Atsushi

旬を感じる

四季の鍋

やること最小限の「夏にこそたべたい鍋」

夏にこそ食べたくなる鍋もあります。具材はレタス、鶏もも肉、完熟トマトの3つがマスト、ここにナンプラーを溶いた水を入れて煮るだけ。最近の夏は暑すぎですから、なるたけやることは少ないのがいいですよね(笑)。ナンプラーはタイの魚醤ですが、うまみも塩気も強いので、水に溶くだけで鍋つゆのベースとして活躍してくれますよ。トマトの酸味とも相性がよく、蒸し暑くて食欲のないとき、私はこの鍋をよく作ります。アジアンテイストのスープがお腹にやさしく、鶏から出るうまみも加わって、ひとすすりすると体がホッとする……そんな味です。夏は冷たいものばかり胃に入れがちだから、温かいものも意識して食べるようにしています。お好きな方は仕上げに刻んだパクチーをたっぷり散らしてください。エスニック好きの方なら、レモングラスやしょうがを一緒に煮るとさらに現地のような味になります。レタスはふたりで1/2玉ぐらい軽く食べられますよ。春雨や好みの魚介を入れてもいいし、シメにはゆでておいたフォーなんかあればもう言うことなし!

レタスと鶏の ナンプラー鍋

［材料］
レタス・鶏もも肉・完熟トマト…お好みの量、鍋つゆの割合［水…500㎖、ナンプラー…大さじ1と1／2］

［作り方］
❶レタスは2㎝幅ぐらいに刻む。鶏もも肉はひと口大に、トマトはざく切りにしておく。
❷鍋つゆを加えてひと煮たちさせ、①を加えて、鶏肉に火が通りトマトがやわらかくなるまで煮る。

秋

ほっと一息できる秋。　心地のいいい風に誘われて、
不思議とお腹がすくのもこの季節。
炊きたての新米と一緒に、　旬のおかずもどうですか。
ほっこり、　ほくほく食感が多い
秋のごちそうをめしあがれ。

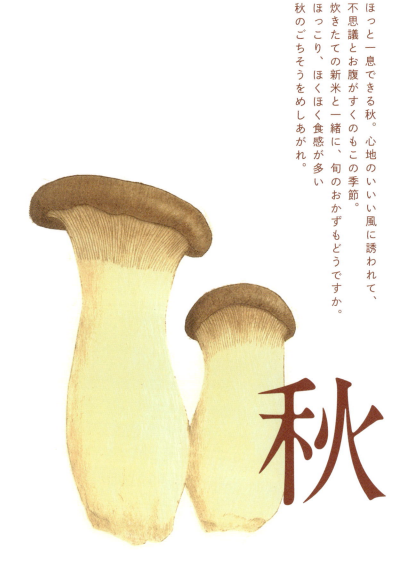

お品書き

◆ごぼう豚汁
◆栗と鶏のパエリア
◆エリンギと鶏むね肉のバジルオイスター炒め
◆エリンギと鶏肉のハーブパン粉焼き
◆エリンギのチーズ肉巻き
◆にんじんの蒸し焼きステーキ　柿とくるみ添え
◆フランス風スクランブルエッグ　きのこの赤ワイン煮添え
◆白菜の浅漬け
◆いちじくのジャム

秋

—essay—

そう、食欲の秋

入道雲の時期が終わって、気がつけば空は澄んで高く、小さな雲がいっぱいに集う鰯雲《いわしぐも》が見られる季節に移りました。朝晩の風がどんどん涼やかになって寝心地もよく、食欲も増してくる頃。そう、食欲の秋ですね。最近は夏がずいぶん長くなってしまいましたが、スーパーなどに栗が並び、松茸が顔を見せてくると季節を思います（なかなか手は出せないけれども……）。

　中秋の名月なんていいますが、澄んだ夜空に輝く月を見るとまた秋を思います。過ごしやすくなる秋は行事の季節でもあります。私は小さい頃を東北地方で過ごしたと先に書きましたが、長く住んだのは宮城県の仙台市というところでした。宮城県、そしてお隣の山形県の秋の名物に、芋煮会というのがあります。河原などでたっぷりの里芋と肉野菜を入れた鍋を囲むイベントで、いわばバーベキューを

楽しむような感覚といいましょうか。地元には「秋になったら絶対やりたい」「サークルや趣味のクラブでは定番の秋イベント」という人、とても多いのです。地域によってしょうゆ味と味噌味に分かれ、また入れる肉も牛肉のところ、豚肉のところと分かれるのが面白い。秋風や川音を感じつつ、味のしみた里芋をはふはふと食べる楽しさは、私の体に染みついています。今は関東に引っ越してしまい、芋煮会に参加できないのを秋になるごと、毎年さびしく思っています。

そうそう、秋といえば忘れてならないのが新米ですね。稲穂が夕日を受けて黄金色に輝く風景を見るたび、これぞまさに瑞穂《みずほ》の国、日本の景色だなあ……と感じ入ります。収穫されたばかりのお米のおいしさは本当に格別のもの。最近は個性豊かなおいしいお米が増えてきました。本書に登場するおかずと合わせてぜひぜひ、楽しんでください。

はじめての旬レシピ

秋

ごぼう豚汁

秋はおいしいものがいっぱいですが、
ごぼうも旬のひとつ。
あえて豚とごぼうの2品だけで作ることで、
ごぼうのおいしさが際立ちます。

料理：上田淳子

太いごぼうであれば
縦半分に切ってななめ切りに

材料（2人分）

ごぼう…100g（約2/3本）
豚バラ肉…100g
出汁…600㎖
味噌…大さじ1と1/2〜2程度
細ねぎ（小口切り）…適量

1 ごぼうを洗って切る

ごぼうは表面をたわしなどでしっかり洗い、ななめ薄切りにしたら5分ほど水につけ、ざるに上げておく。

2 肉を切って炒める

豚肉は3㎝幅に切り、鍋に入れ中火にかける。ジリジリと音がしてきたらサッと炒め、豚の脂が出てきたら水気を切ったごぼうを加えて、全体を軽く炒める。

3 煮る

出汁を加え、沸いたら弱火にしてアクを取りつつ、ごぼうがやわらかくなるまで5〜8分ほど煮る。味噌を溶かしたら火を止め、器によそって、好みで細ねぎを散らす。

細いものはやわらかく、太いものは食べごたえがあり、どちらもそれぞれのおいしさがあります。土付きで売られているものは特に香りがいいですよ。

from Junko

独特のえぐみをとるため、水にさらします。

秋のたのしみ 1

もっちりみずみずしい新米と、カリッと香ばしいおこげの両方をたのしむ贅沢。

新米の炊ける香りに秋を実感

スーパーに「新米入荷」の文字が並ぶと胸が高鳴るというか、ワクワクして、いいものだなと毎年思います。農家さんが苗から育て、強風や猛暑から守ってここまで大きくなった米粒の集合体。ありがたく、いただきます。お米は可能なら冷蔵庫で保存すると、おいしさを長く保てますよ。使う分を内釜に入れて2〜3回といだら、30分ほど浸水させて、ざるにあげて水気を切り、冷水を入れて炊くというのが味わいよく炊くコツです。だまされたと思って一度やってみてください。焼きたらこに海苔、しらすおろしみたいなおかずで新米をもりもり食べるのが、一番の初秋の喜びです。新米はこってりしたおかずよりも、シンプルな味のもので米の味を主役にして食べるのが私のこだわり。なーんて、小うるさいですね（笑）。

もし手に入れば、すだちやかぼすなどをひとしぼりするとさらにおいしく。

掃除が面倒でも、買ってしまうなあ……

秋の風物詩のひとつ、さんま。漢字で書くと秋刀魚、刀みたいな形の秋の魚という意味でしょうか。秋になると生はもちろん焼かれたものもよくスーパーに並びます。食いしん坊としては、焼くときに立ちのぼるあの香りも味わいたい……！　なのでシーズンになると、焼いた後の掃除が面倒と思いつつも、やっぱり生のさんまを買ってしまいます。海の魚はほどよい塩気があるので、まずはそのままいただきましょう。ああ、おいしいなあ。年を重ねるにつれ、はらわたのほろ苦さも美味と感じられるようになりました。しかしごはんが進みすぎて困りますね。そしてさんま、こんがりきれいに焼くのはむずかしい。私もなかなか上手にできません（笑）。

材料（2人分）

米（洗わない）…2合
鶏もも肉…1枚（300g）
栗…10粒（約300g／正味150g）
　※甘栗で代用してもOK
マッシュルーム…1パック（100g）
玉ねぎ…1/4個（50g）
にんにく…ひとかけ
白ワイン…大さじ3
塩…小さじ1/2
オリーブオイル…大さじ2
黒こしょう（粒）…小さじ1
ローリエ…1枚
A　水…400mℓ
　　塩…小さじ1/2

1 下準備をする

ボウルに栗を入れて熱湯につけ、そのまま冷めるまで30分ほどおき、皮をむく（栗はお尻の方からむくのがむきやすいです。ケガにはくれぐれもお気を付けください）。

2 具材を切る

マッシュルームは薄切りにする。玉ねぎ、にんにくはみじん切りにする。鶏肉は一口大に切り分け、塩小さじ1/2をもみ込む。

3 具材を炒める

フライパンにオリーブオイルをひき、皮目を下にして鶏肉を入れ、2分焼いて返し、鶏の両面に焼き色がついたら、玉ねぎとにんにく、黒こしょうを加えてさらに炒める。

4 米を加えて炒め合わせる

洗っていない状態の米を入れる。全体にサッと混ぜつつ、米にツヤが出てきたら白ワイン、栗とマッシュルームを加えてさらに炒める。

5 味つけし、米に火を通す

Aを加えてひと混ぜしてローリエも加える。沸騰したらふたをし弱中火で10分加熱する。火を止め、そのまま10分蒸らす。ふたを開けて再度加熱して、水分がなくなるまで加熱する。

栗の皮をむく時間がなければ、甘栗で代用しても大丈夫ですよ。

from Noriko

秋

栗と鶏のパエリア

秋と言えば、新米の季節！
栗と鶏の味わいを吸い込んだ
お米のおいしさを堪能してください。
鶏肉は厚切りベーコンでも、きのこはしいたけや
エリンギなどをミックスして使うのもおすすめです。

料理：しらいのりこ

知られざる旬野菜

エリンギと鶏むね肉のバジルオイスター炒め

秋が旬のきのこ類の中でも、焼き肉などでしか
使わない、ちょっと用途が限られがちなのがエリンギ。
香りがよく、食感が魅力です。
おいしく食べるには、その食感を楽しむことがポイント！
エリンギが主役のレシピです。

料理：井原裕子

材料（2人分）

エリンギ…1パック
皮なし鶏むね肉…200g
バジルの葉…10～15枚
レタス…1/2個
サラダ油…大さじ1/2
塩、こしょう…各少々
A　オイスターソース…大さじ1
　　しょうゆ…小さじ1
　　砂糖…小さじ1

1 材料を切り、下味をつける

エリンギは石づきを切り落とし、縦半分に切って、2cm幅に切る。鶏肉は2cm角に切る。切った鶏肉には塩、こしょうを加え、軽くもみ込む。

2 炒める

フライパンに油を引いて中火で熱し、エリンギを入れて2分ほど炒め、少し焼き色がついてしんなりしたら鶏肉を加えて炒める。鶏肉の色が変わったら、A、バジルを加えて炒め合わせる。

3 盛りつける

器に盛り、レタスを添える。

バジルがポイント。鶏肉とオイスターソースがバジルの香りと相まって意外なおいしさです。レタスに巻けば、さっぱりして、まだまだ暑い秋の始めにもぴったりです。しっかり炒めることで水分が抜けて香りも味も強くなります。

from Yuko

エリンギと鶏肉のハーブパン粉焼き

表面はカリっと香ばしく、食感も楽しい一皿です。

材料（2人分）

エリンギ…1パック
鶏もも肉…200g
ミニトマト…6個
塩、こしょう…各少々

A
（ハーブパン粉）
乾燥パン粉…50g
おろしにんにく…1かけ分
オリーブオイル…大さじ3
粉チーズ…大さじ3
粗塩…小さじ1/2
こしょう…少々
パセリのみじん切り
…大さじ2

1 ハーブパン粉を作る／ボウルに**A**の材料を入れて、混ぜておく。

2 材料を切る／エリンギは石づきを切り落とし、縦2等分に切って、ななめ7㎜幅に切る。鶏肉は一口大に切って、塩、こしょうをふる。

3 混ぜ合わせる／**1**に**2**を加えて全体に混ぜ、耐熱容器に入れ、ミニトマトも加える。

4 焼く／ふんわりとラップをして電子レンジ（600W）で2分加熱し、ラップをはずしてオーブントースターで15分ほど、こんがりとするまで焼く（オーブンの場合は200℃で20分）。

秋

知られざる旬野菜

エリンギのチーズ肉巻き

チーズ×ポン酢の「チーポン」味！　この組み合わせ、おすすめです！

材料（2人分）

- エリンギ…1パック
- 豚しゃぶしゃぶ肉…8枚
- スライスチーズ…4枚
- サラダ油…大さじ1/2
- ポン酢…大さじ1
- こしょう…少々

1 **下準備をする**／エリンギは石づきを切り落とし、縦4等分に切る。スライスチーズは2等分にする。

2 **エリンギにチーズと豚肉を巻く**／エリンギにスライスチーズを巻き、さらに豚肉を巻いて、巻き終わりを軽く握り、密着させる。

3 **焼く**／フライパンに油を入れ中火で熱し、**2**の巻き終わりを下にして並べて2～3分焼く。焼き色がついたら、転がしながら3分ほど弱中火で焼き、火を通す。ポン酢を加えてからめ、こしょうをふる。

この2品、どちらも食感も楽しく、香りもよくお酒のつまみにもぴったり。
パン粉焼きは、もしあれば乾燥オレガノなどのハーブをさらに加えてみるのもおすすめ。
チーズ肉巻きは大人も子どもも大好きな味ですよ。

from Yuko

秋

秋のたのしみ 2

おかずにもなる、秋鮭入りの具だくさん汁。あとはごはんさえあれば十分。

鍋いっぱいに作る、秋鮭入りの汁

秋鮭がスーパーに並びだすのは、暑さがようやく落ち着いてきて、朝晩に涼しい風が感じられてくる頃。サーモンなどと違ってさっぱりした味わいが特徴の秋鮭は、夏の疲れが残る体にもやさしく、食べやすい食材です。暑い頃は、冷房をかけていたってコンロの前に立って調理するの、大変ですよね。涼しくなると煮炊きもつらくなくなり、そんなところにも季節の移り変わりを感じます。ある秋の日、れんこんやにんじん、しいたけに油揚げなどと一緒に秋鮭を味噌仕立ての汁にしました。いわば豚汁の鮭版ですが、季節を感じさせてくれる汁ものです。さつまいもなんか入れると、さらに秋っぽくもなり。バターをひとかけ落としてもいいし、大人用にはゆずこしょう少々を加えても。お正月でもないのにと思われる

青々とした香りのオリーブオイルがかつおのカルパッチョにはよく合います。

かもですが、ここに焼き餅ひとつ入れて雑煮にしてもうまいのです。

生のかつおは洋風仕立てもおいしい

秋に水揚げされるかつおは「戻りがつお」と呼ばれ、脂のノリがよいものは引く手あまたの人気者。かつおの刺身やたたきをこの時期必ず食べるという人も多いのではないでしょうか。しょうがでいただくのもいいのですが、私はオリーブオイル、塩、黒こしょうで食べるのも好きなのです。ここに細ねぎやケイパーを散らしてもいいし、バルサミコ酢なんてよく合います。あらく刻んだしょうがやにんにくを散らして、洋風たたきっぽくしてもおいしい。「さく」と呼ばれる生魚のひとかたまりがスーパーでも売られていますが、秋にはかつおのさくを買ってよくカルパッチョにしています。刺身で買うより、断然お得に食べられるのもうれしいところ。

こだわり旬メシ！

にんじんの蒸し焼きステーキ 柿とくるみ添え

料理：樋口直哉

にんじんのハイシーズンは10～12月。寒くなるにつれて甘さが増してくるので、この時期のにんじんは潔くステーキに。にんじんの甘みは水溶性なので、ゆでずに焼くのがおすすめです。

秋

にんじんのフルーティな甘さを強調したくて、柿を添えました。季節感も出ますね。オレンジやマンゴーで代用するのもおいしいですよ。

材料（2人分）

にんじん…1本
オリーブオイル…大さじ½
水…100㎖
塩…少々
〈柿とくるみのソース〉
柿…¼個
くるみ…5g
マヨネーズ…大さじ1
塩、こしょう…各適量

茎を切り落とした付け根の軸がなるべく小さいものが◎。この軸からにんじんの真ん中を通る部分にはほぼ甘みがなく、その周囲に糖分を蓄えます。軸が小さいほうが甘みが強いのです。

from Naoya

1

にんじんの茎の付け根部分を切り落とし、縦4等分に切る。

2

直径20㎝のフライパンに、にんじん、水を入れてふたをし、強火にかける。沸いたら弱火にして10分ほど煮る。鍋中を時々確かめ、常に水がある状態を保つ。

＊にんじんは60～70℃でゆでると硬くなってしまいます。今回は水が少量で、すぐ沸くので水から火にかけていますが、煮物を作るときは沸騰してからにんじんを入れたほうが、やわらかく煮えます。

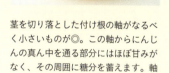

3

柿は皮をむき5㎜角に切り、くるみも同程度の大きさに砕く。ボウルに合わせ入れてこしょう少々をふり、マヨネーズで和える。

4

にんじんに竹串を刺してスッと入ったら、オリーブオイルを加えて中火にし、表面に焼き色をつける。皿に盛って塩少々をふり、3を添える。

＊焼きつけることで、水に溶け出たにんじんの甘みを表面にまとわせます。香ばしさもアップしますよ。「焦がしてしまうのでは？」と恐れず、黒っぽくなる程度に焼きつけてOKです！　恐れないでいきましょう。

食べ方のポイント

柿とくるみは相性がよく、よいコクも加えてくれます。マヨネーズではなく、ギリシャヨーグルトで和えるのもおすすめ！

こだわり旬メシ！

フランス風スクランブルエッグ きのこの赤ワイン煮添え

料理：樋口直哉

年中定番食材である卵ですが、うまみの強い、秋が旬のきのことは相性抜群。こちらは、いつもの卵料理を格上げできる、ちょっとおしゃれな一品です。

湯せんにかけるひと手間で
最高の食感に仕上げる
スクランブルエッグです。
黄身のトロッとした感じを
最大限にいかした作り方です。

from Naoya

材料（2人分）
- 卵…2個
- 牛乳…大さじ1
- 塩…少々
- パセリ（ドライ）…適量

- バター（有塩）…10g
- マッシュルーム…4個
- ベーコン（スライス）…30〜40g
- しょうゆ、はちみつ、小麦粉…各小さじ1
- 赤ワイン…100㎖

卵は酸味を加えるとおいしさが格段にアップします！ オムレツのケチャップやウフマヨのマヨネーズなど、「卵×酸味」の組み合わせは定番です。今回は赤ワインの酸味を添えます。

1

マッシュルームは薄切りにし、ベーコンは2〜3㎜幅に切る。

2

鍋にバターを入れて中火にかけ、泡立ってきたらマッシュルーム、ベーコン、小麦粉を入れて弱火にし、2〜3分炒める。鍋にしょうゆ、赤ワイン、はちみつを加えて、さらにとろみがつくまで煮詰めたら、火を止める。

3

ボウルに卵を割り入れ、泡立て器で白身を切るように混ぜる。牛乳と塩を加えてさらに混ぜる。鍋に湯を沸かしておく。

＊卵は水分を加えると泡立ちやすくなるので気をつけて。牛乳を加えたら静かに全体を混ぜましょう。

4

煮立った鍋にボウルをのせ、湯せんにかける。端から固まってくるので混ぜながらゆっくりと熱を通し、好みの状態になるまで加熱しつつ混ぜる。器に盛りつけ、**2**を添えてパセリをふる。

＊ボウルは金属や耐熱ガラス、ホーロー製のものを使ってください。湯に直接当てず、湯気が当たるのが理想です。

4（つづき）

＊湯せんにかけることで、たんぱく質が固まる前にある程度水分が蒸発するので、濃厚な味わいになります。細かいことをいうと、スクランブルエッグの理想の温度は72℃。混ぜつつじっくりと温度を上げていきましょう。

赤ワインを選ぶときのポイント

赤ワインは酸味を加える役割で、カベルネやシラー系が適しています。ボトルの形が「なで形」ではなく「いかり形」のものを選んで。赤ワインのタンニンが卵のたんぱく質と結びつくことで料理にコクを生む働きもあります。

基本の「白菜の浅漬け」

秋が深くなり、冬に近づくにつれて白菜が多く出回ります。
週末に鍋のあまりの白菜など、浅漬けにしておくのが便利。
そのまま食べてもよし、おかずのもとにしてもよし。
便利な存在になること間違いなしです。

料理：重信初江

季節の
保存食

季節野菜のクイック漬物

白菜は身がつまっていて、スカスカしていないものがおすすめです。今回は1／4カットを塩漬けにしますが、「塩の量は白菜の総量の2％」と覚えておくと、あまった白菜をちょっと漬けておきたいときにも便利ですよ。

from Hatsue

材料（作りやすい分量）＆ 用意するもの

白菜…600g（正味）
塩（粗塩）…小さじ2
水…150mℓ

ポリ袋…1袋

1 計量して洗い一口大に切る

白菜は芯を取ってから計量する。よく洗って、水気を切っておく。ひと口大のざく切りにする。

2 ポリ袋に入れてふる

白菜をポリ袋に入れて塩を加え、まんべんなく行きわたるよう、口を閉じてふる。空気を抜いて、口を結ぶ。

3 寝かせる

そのまま2〜3時間ほどおけば完成。次第に水気が抜け白菜のかさが減るので、1時間ほどしたらもう一度空気を抜いて、結びなおすとなおよい。食べるときは、軽くもんで、水気をしぼる。

＊保存期間：冷蔵7日

2品とも炒めることで白菜の水分がいい具合に抜け、しゃきっと仕上がります。
時間をかけずに、ちゃちゃっと仕上げることがポイントです。

from Hatsue

お漬物のアレンジ

じゃこと白菜漬けのしょうが炒め

じゃこと、白菜の浅漬けの塩分だけでおいしい炒め物に！
仕上げにごま油をちょっとたらすのもおすすめです。

材料（2人分）

白菜の浅漬け…今回作った半量
じゃこ…15g
しょうが（千切り）…1かけ
サラダ油…大さじ1/2

1 フライパンに油をひいて中火にかけ、じゃこを入れて2分ほど炒める。
2 しょうがを入れて軽く炒め合わせ、白菜の浅漬けも加えて1分ほどさらに炒める。

白菜漬けと豚肉の焼きそば

浅漬けの塩気があるので、ソースは1人分で。
しゃきしゃき食感が楽しい焼きそばです。

材料（2人分）

白菜の浅漬け…今回作った半量
豚こま肉…120g
焼きそば麺…2玉
サラダ油…大さじ1
焼きそばに付いているソース
…1人分
塩、こしょう…各少々

1 豚肉を食べやすい大きさに切り、塩、こしょうしておく。焼きそば麺はレンジ（600W）で2分ほど袋のまま加熱しておく。
2 フライパンに油をひいて中火にかけ、豚肉を入れて1分ほど炒める。
3 麺を加え、時々全体を混ぜながら2分ほど焼く。白菜の浅漬けとソースを加え、1〜2分炒め合わせる。

秋

秋を感じる いちじくのジャム

「なるべく最小限」で作れるジャム、
秋は、いちじくジャムです。
もしかしたら、いちじくを食べ慣れない方も
いるかもしれません。
ジャムであれば、特有の香りもマイルドになるので、
おすすめです。

料理：堤 人美

季節の保存食

かんたん旬ジャム

材料(作りやすい分量)

いちじく…500g(皮をむいた状態)
グラニュー糖…250g
レモン汁…大さじ1

＊下準備

ジャムを保存する瓶は鍋で20分ほど煮沸してから自然乾燥で乾かしておく。

1 いちじくの下準備をして砂糖をまぶす／いちじくはざっと洗い、水気をふき、皮をむく。手でざっくりと割き、ボウルに入れグラニュー糖を入れてざっと混ぜて常温でひと晩置く。

2 果肉と水分を分ける／ザルなどを使って、果肉と水分に分ける。

3 水分のみ鍋に入れて沸騰させる／鍋にまず水分のほうを入れて、強めの中火にかける。へらなどで全体を時折混ぜつつ、アクが出てきたら取り、しっかりと沸騰させる。

4 果肉を加える／少しとろみがついてきたら、果肉を加えてさらに加熱する。このときもアクを取りながら、全体を混ぜる。軽くとろみがついたら、レモン汁を入れて全体をひと混ぜして熱いうちに瓶に詰め、冷めるまで逆さにしておく。

いちじくはよく熟しているものを使いましょう。
皮がしっかりと紫色で、
お尻のところが割れているものがいいですね。
砂糖はグラニュー糖を使うと、甘さがすっきりとして、
色もきれいに仕上がります。

from Hitomi

砂糖をまぶしたいちじくを置くときは常温でOK。冷蔵庫だと水分がしっかりと出ません。ラップをして置いてください。

それぞれの旬

旬をごろごろと詰めた白和えで、子育てが終わったから楽しめる旬を

―― 上田淳子さん

私が気になる人の「旬の楽しみ方」も、聞いてみました。今回は、上田淳子さん。本格的な西洋料理から、ぐっとハードルを下げた日本の家庭料理まで紹介してくれるレシピは多くの人を救っています。そんな上田さんはお酒も大好き。子育てを終えた今だから楽しめる、秋の晩酌にぴったりな白和えや、季節の楽しみなお料理のお話です。

「子育て時代は絶対に作らなかった料理のひとつが白和えなんです。結構手間もかかるし、子どもたちも夫も『おかずにならない』と食べないから(笑)。子どもが独立してようやく時間も出来た今、私は白和えを〝旬を楽しむ和サラダ〟の感覚で、季節の素材で作っています。やわらかめの木綿豆腐とごまをすり鉢でしっかりすって和え衣に。晩秋の具材は柿とゆでた春菊、アクセントにくるみも。砂糖としょうゆ、塩で味つけ。春菊はゆでた後、軽くしょうゆでからめてしぼって加えるのがポイントです。

柿の甘みとほろ苦い春菊がいい相性、ごまの香る豆腐の和え衣が、全体をやさしくまとめてくれます。ビールや日本酒はもちろん、白ワインにも合うんですよ。フルーツを加えたカプレーゼみたいな感覚でいただけます。

秋の果物は料理に使いやすいものが多いですね。梨はごま和えやサラダに加えてもいいし、洋梨なら鶏や豚と一緒に焼くのもおすすめ。

あと秋といえば、きのこ。きのこって15分ぐらいじっくりソテーするとグッと味が濃くなるんです。ソテーしたものをマリネしたり、デミグラスソースに加えたり、混ぜごはんの具やオムレツに加えるのもおいしい。

もっと寒くなる冬は、汁物・鍋物が欠かせません。私の地元の兵庫県から岩津ねぎというおいしいねぎを取り寄せて、たっぷりと入れたすき焼きも楽しみ。鍋は、大きめの鍋でじっくり煮ると、部屋も暖かくなって加湿にもなるのがいいところです。スペアリブなんかを水から煮てストーブの上にかけて『さてここからどうしよう』なんてその日の気分で決めることもよくあります。あと冬が旬の楽しみといえば…牡蠣！　私、牡蠣ならフライ一択なんですよ。

春はおいしい野菜がいっぱいですよね。アスパラガス、スナップえんどう、菜の花、春キャベツ……。とりわけアスパラガスが大好き。シンプルにゆがいたものが好きで、ゆでるときは全集中です(笑)。

夏野菜のみずみずしさも魅力的です。きゅうりにトマト、サラダや簡単な和え物にすることが多いけど、トマトのファルシー（肉などを詰めて主に加熱し仕上げる料理)も好きでよく作ります。『こんなに暑いのになぜ私は……』とか思いながら(笑)。あと、たっぷりのサラダに焼いた肉をのせて一皿にすることも夏は多いかな。

子どもたちが独立して、夫との二人暮らしもようやく慣れてきた今、しっかり旬と向かい合って、新たな楽しみを発見してみたいです。」

旬との向き合い方は人生のステージごとに変化していくことを教えてくれた上田さん。年代ごとに、あらたな旬の発見がありそうです。

from
Atsushi

旬を感じる
四季の鍋

秋の雰囲気を高めてくれる「きのこ鍋」

90〜93ページで紹介されていた井原裕子さんのエリンギ料理、おいしそうでしたね。「エリンギってよく見かけるようになったけど、どうやって使ったらいいか分からない」という声がよく聞かれたので、ご教示いただきました。一年中出回っているけれど、秋の雰囲気を高めてくれる食材がきのこ。私はこの時期、きのこを使った豆乳鍋をよく作ります。

　きのこは値段の安定している頼もしい食材。煮ものや汁ものに使うなら、3種類ぐらいをまぜて使うと香りやうまみが複雑になって、よりおいしくなります。今回はまいたけ、ぶなしめじ、えのきを使いました。味つけは豆乳５００㎖に対して白だし大さじ2を目安にして、具材を煮るだけ。豆乳のやさしいコクと白だしのうまみ、キリッとした塩気の相性がとてもいいのです。94ページでも紹介した秋鮭をメインの具材に、豆苗ときのこで作ります。あれこれ具材を入れる寄せ鍋もいいですが、うちの日常鍋は具材3〜4品で作るのが基本ルール。そのほうがハードルも低く、味も決まりやすいというよさがあります。

きのこと豆苗と秋鮭の豆乳鍋

［材料］

好みのきのこ（ぶなしめじ、まいたけ、えのき、エリンギ、しいたけなど）・秋鮭・豆苗…お好みの量、鍋つゆの割合［豆乳…500mℓ、白だし…大さじ2］

［作り方］

❶きのこ類はそれぞれ石づきがあれば落とし、食べやすい大きさにする。豆苗は豆から下を切り落とし、秋鮭はひと口大に切る。

❷鍋に具材を盛り、全体がひたる少し手前ぐらいまで鍋つゆを入れて煮る。

冬

厳しい寒さに耐え忍ぶように、甘みを蓄えた冬が旬の野菜は、
あったかいお出汁で煮るだけでも十分においしい、
やさしい味わいのあるものが多いですね。
シンプルに、でも、丁寧に素材を味わえるレシピがそろいました。

お品書き

◆小松菜とおあげ
◆鶏肉と香り野菜の梅ごま鍋
◆春菊と牛肉のまぜごはん
◆かぶと豚ひき肉の塩にんにく炒め
◆かぶと鶏スペアリブの甘辛煮
◆かぶとはんぺんのチーズサラダ
◆ほうれん草のバターソテー
◆ブロッコリーの最高のおひたし
◆大根の浅漬け
◆ゆず茶ジャム

冬が来た

日本の冬を思うとき、私はよく小林一茶の「大《だい》根《こ》引《ひき》大根で道を教へけり」という句を思い出します。農夫が道をたずねられて、引き抜いていた大根で道を指し示したというシンプルな句なのですが、ほのぼのとしたユーモアと共に、古き日本の田畑や冬の山道が見えてくるようで、好きな句なのです。引き抜かれた大根はきっと煮ものやおかゆの具にもなり、干されて漬けものにもなったことでしょう。現代なら大根は「コンビニのおでんで食べる」なんて人も多いかもしれませんね。寒くなればなるほど、煮汁をしっかり吸った大根はじめ、冬の旬である根菜がおいしく感じられてきます。

おでんもいいけれど、大根といえば我が家ではいかと煮ものにするのが定番のおかずでした。いかと大根、すごく相性がいいですよね。みなさんのうちでは大根の料理とい

えば何だったでしょうか。

現代的な風景ではありますが、私はスーパーの棚に「鍋つゆの素」がたくさん並びだすと冬が来たなあ……と思うんです。今は本当にいろんな味わいのものがあって面白い。自分でもあれこれ使ってみて、味が一発で決まるのは手間がかからずいいものだなと思いました。鍋といえば、うちでは牡蠣入りの湯豆腐が定番の一品。出汁昆布を多めに入れて絹ごし豆腐を煮て、ねぎやしらたき、えのきなんかも一緒に入れます。よく洗った牡蠣をたっぷりと加えて煮て、牡蠣のうまみを豆腐にしっかりと吸わせて、しょうゆでいただくのがお決まりでした。子どもの頃はさほど好物でもなかったのですが、今では冬になると何度も作ってしまいます。牡蠣は数個残しておき、最後は雑炊にするとこれまた最高なんですよ。ああ、また食べたくなってきました。

鍋料理、本書でも１２０ページに堤人美さんの「鶏肉と香り野菜の梅ごま鍋」を紹介しています。さっぱりとして食欲を誘う味わいで、撮影のときもスタッフに大人気だったんです。ぜひ、お試しください。

※俳句は角川ソフィア文庫『一茶句集』を参考にしています

はじめての旬レシピ

冬

小松菜とおあげ

食べ飽きない味の、冬のおひたしです。
緑の野菜が少なくなりがちな季節にうれしい一品で、
あっという間に作れるのも魅力的。
小松菜は、実は生でもおいしいので
旬の冬はサラダにするのもおすすめです。

料理：上田淳子

材料（2人分）

小松菜…1袋（200g）
油揚げ…1枚
出汁…200mℓ
しょうゆ…大さじ1と1/2
みりん…大さじ1と1/2

1 下準備

小松菜は根元に十字の切り込みを入れ、ボウルなどに水を張り、15分ほどつける。油揚げは、湯を沸かした鍋でさっと10秒ほど煮て取り出し、冷ましておく。

2 切る

小松菜の根元を切って、4〜5cm幅に切る。油揚げは短冊に切る。

3 煮る

鍋に出汁、しょうゆ、みりんを入れて中火にかける。沸いたら小松菜の茎、油揚げ、葉の順で入れ、ふたをして1分煮る。ふたを取って、全体を混ぜて火を止める。

少々面倒な油抜きですが、これをやると味がよく染みておいしくなります。

冬の小松菜はとくに緑が濃くなり、甘く、みずみずしくなります。葉が厚くて茎の太いものを選びましょう。油揚げとの相性は抜群です。

from Junko

冬のたのしみ 1

つやつやした見た目も美しい
旬のりんごたち。

りんごの香りに冬を思う

今回は料理ではなく、果物の話を。私の父は青森県の出身で、青森といえばりんごの名産地。冬になると毎年、大きなりんごの詰め合わせを送ってくれるのです。北側の寒い部屋に置いて保存するのですが、夜中に廊下へ出たときなど、りんごの香りがふと感じられてきて、実家もこうだったな……と妙にしみじみ。りんごというのは皮がむかれているわけでもないのに、よく香る果物だと思います。送ってくれるりんごもジョナゴールド、王林、ふじ、紅玉などそのときで種類も様々ですが、毎年香りのよさは変わりません。暗い冬の部屋はわびしいものですが、りんごの香りがあると雰囲気はずいぶんと清冽な感じになり、いいものだなと毎年思うのです。父はたまの日曜にカレーを時折作るぐらいで料理もしない人です

和風ポトフ？ いや西洋風おでん？ どちらでもいいのです（笑）

が、りんごをむくのだけは名人。私はあんなにうまくむけないな、と毎冬思います。

家庭料理にルールは無し、うちのポトフ

じゃがいもやにんじん、ソーセージや鶏肉などを煮込んだポトフ的なものを冬場はよく作っています。野菜と肉類を食べやすい大きさに切り、水から15分ぐらい煮て一度ここで味見。塩やコンソメ顆粒などを足して、ちょうどよい味に調える……というのがちょっと難しいかもですが、「味を調える」ことに慣れていくと、「レシピ無しで料理する」あるいは「あるもので作る」という方向に料理が広がっていくように思います。

以前に作ったポトフ、ワンタンが余っていたので入れてみたら、これがおいしい。コンソメ味にスッとなじみました。ゆで卵も入れて、もはや西洋おでん。家の料理にルールは無し、遊びからオリジナルが生まれることもしょっちゅうです。

こんなのもどう？

クセになる！
鶏肉と香り野菜の梅ごま鍋

冬も本番の寒さになると、鍋が食べたくなります。
このお鍋は、しゃきしゃきの野菜の食感をいかしたお鍋。
鶏と梅のお出汁がさっぱりしつつも、
ごま油のコクとうまみが後を引くおいしさです。

料理：堤 人美

材料（2人分）

鶏もも肉…2枚（500g）
塩…少々
細ねぎ…1束（70g）
パクチー…2わ（90g）
せり…1わ（80g）
白炒りごま…大さじ2
ごま油…大さじ1

鍋つゆ

水…1ℓ
酒…50mℓ
塩…小さじ1/2
しょうゆ…大さじ1
昆布…5㎝角
梅干し…2〜3個
（塩分16％のものを使用）

1 下準備

鶏もも肉は1㎝幅に切って塩少々をふる。細ねぎは4㎝の長さにななめ切り、パクチーとせりも4㎝の長さに切り、冷水に5分ほどさらして水気をよく切る。大きめのボウルに移し、白炒りごまとごま油でさっくりあえる。

2 煮る

鍋に鍋つゆの材料を煮立て、1の鶏もも肉を加えて中火で4〜5分煮る。1のパクチーとせりを食べる分だけ加え、しゃぶしゃぶの要領でサッと煮て、鶏と一緒にいただく。

from Hitomi

香り野菜は、パクチーのほかにもクレソンや三つ葉、せりなどでも。
また、レタスを太目の千切りにして加えるのもおすすめです。
きのこやお豆腐など、具材はご自身のお好みのものをプラスしてくださいね。

季節のごはんもの

春菊と牛肉のまぜごはん

ほろ苦い青菜の春菊は
冬にグンとおいしくなる食材です。
牛肉との相性がばっちりで、私も大好きなんですよ。
今回はにんにくとしょうゆ風味で混ぜごはんに。
あの苦みがちょっと……という人にも
食べやすい味つけだと思います。

from Noriko

材料（2～3人分）

ごはん…2合分
牛薄切り肉…100g
しいたけ…4枚
にんにく…1/2 かけ
春菊…1 束（100g）
米油…大さじ1
こしょう…適量
しょうゆ…大さじ2
白いりごま…小さじ1
ごま油、塩…各少々

1 **材料を切る**／牛肉は食べやすい大きさに切る。春菊は葉と茎に分け、葉の1/2量と茎の全量を1cm幅に刻んでおく。葉の残りは飾り用にとっておく。にんにくはみじん切りにする。しいたけの石づきは薄切りにし、かさの部分は6等分に切る。

2 **炒める**／フライパンに油とにんにくを入れ、弱めの中火で熱する。香りが立ったら牛肉、春菊の茎、しいたけを加えてサッと炒め、牛肉の色が変わったらしょうゆ、こしょう少々、刻んだ春菊の葉を加えて全体を混ぜ、火を止める。

3 **具材を合わせる**／飾り用の春菊をボウルなどに入れ、塩、ごま油をそれぞれ少々加えて和えておく。

4 **ごはんと合わせる**／ごはんに2と白いりごまを加えて全体を混ぜ、うつわに盛り、3をのせる。

春菊は食感の異なる葉と茎に分けてそれぞれ、細かく切ります。茎も細かく切ることでごはんと混ぜたときになじみ、食べやすくなります。

冬

ごちそう感のある、牛肉を使ったまぜごはん。
お手頃に作りたければ、
合いびき肉や豚ひき肉で作ってもおいしいです。
人が集まる場にもぴったりな一皿。

料理：しらいのりこ

知られざる旬野菜

かぶと豚ひき肉の塩にんにく炒め

しっかりうまみのある冬のかぶは、
シンプルな味つけで十分においしいです。
煮物にしがちですが、炒め物にすると、
しっとりとした食感を味わえておすすめ。

料理：井原裕子

材料（2人分）

豚ひき肉…200g
かぶ…2個（300g）
かぶの葉…100g
米油…大さじ1/2
おろしにんにく…小さじ1/2
塩、こしょう…各少々
A　酒…大さじ1
　　塩…小さじ1/2　※粗塩を使用
　　こしょう…少々

かぶは葉に青みがあって、
全体にハリのあるものを選んでください。
青菜の部分と根菜の部分、
両方を使えるお得な野菜ですよ。
栄養を葉に取られてしまうので、
買ってきたらすぐに切り分けておきましょう。

from Yuko

1 かぶを切る

かぶは皮をむき、1cm幅の半月切りにする。葉は3〜4cm長さに切る。

2 ひき肉に下味をつけて焼く

ボウルにひき肉、塩、こしょう、おろしにんにくを加えてスプーンで混ぜる。フライパンに油をひいて中火にかけ、スプーンで一口大にすくったひき肉を入れて、2分ほど焼いたら裏に返して1分焼く。

3 かぶを加えて炒める

かぶを加えてひと混ぜし、ふたをして弱めの中火で2分ほど蒸し焼きにする。かぶの葉も加えて炒め、葉がしんなりしたら**A**を加えて全体を軽く炒め合わせる。

ひき肉は、かたまりにして焼くことでボリュームアップ。合いびきや、鶏ひき肉でもOKです。

知られざる旬野菜

かぶと鶏スペアリブの甘辛煮

煮えやすい食材同士のお手軽な煮物。
鶏のいい出汁がかぶに染みて、最高においしいです。

冬

材料（2人分）

鶏スペアリブ（手羽中）…200g
かぶ…2個（300g）
かぶの葉…100g
しめじ…1パック（80g）
米油…小さじ1

A
水…150mℓ
酒…大さじ1
しょうゆ…大さじ2
砂糖…大さじ1/2
しょうがの薄切り…2枚

1 **下準備をする**／かぶは茎を少し残して葉を切り、6等分のくし形に切ってから皮をむく。水を張ったボウルにしばらくつけて、茎の間の土を落とす。しめじは石づきを切り、小分けにする。

2 **鶏肉を焼く**／フライパンに油をひいて、鶏スペアリブの皮目を下にして入れ、中火にかける。肉の色が変わったら返して、全体を軽く焼きつける。

3 **煮る**／**A**、しめじ、かぶを加えて火を強め、沸いてきたら弱火に変えてふたをし、6〜8分ほど煮る。かぶがやわらかくなったら、ふたを開けて中火にし、かぶの葉を加えて全体を一度混ぜて、さらに1分ほど煮る。

かぶはあえて茎の部分を少し残して。じゅわっとした白い部分と、しゃっきりとした茎の食感の対比もおもしろいです。

from Yuko

知られざる旬野菜

かぶとはんぺんのチーズサラダ

シャキシャキとしたかぶの葉と
はんぺんのやわらかい食感の対比が楽しいサラダです。

冬

材料（2人分）

かぶ…1個（150g）
かぶの葉…30g
白はんぺん…1枚（100g）
A　オリーブオイル…大さじ1
　　パルメザンチーズ（粉）
　　　…大さじ2
　　塩…小さじ1/4
　　こしょう…少々

1 **食材を切る**／かぶは皮をむいて、食べやすい大きさに切る。葉は2cm幅に切る。はんぺんは1cm角に切る。

2 **混ぜる**／ボウルにA、1を入れて全体を混ぜ、2〜3分おいて味をなじませる。

ころころとした、白いはんぺんとかぶがかわいいサラダです。
旬の冬だからこそ、サラダとして生で食べるのも醍醐味です。

from Yuko

冬のたのしみ 2

鴨肉の小間切れと下仁田ねぎを具にした、我が家の冬の特製蕎麦

鴨と一緒が◎！ 冬が旬の下仁田ねぎ

あったかい蕎麦やうどんが好きです。家でもよく作るのですが、冷凍食品コーナーに売られている蕎麦やうどんの品質が近年グングンと上がって大助かり。大鍋でゆでる手間をカットできるのはうれしいですね。その分、おつゆにはちょっと手をかけています。私のつゆは昆布といりこを出汁にするのですが、真冬はたまに鴨肉を一緒に煮ています。鴨や鶏肉は本当にいい出汁が出るのですよ。近所のスーパーが鴨肉の小間切れを扱ってくれていて感謝です。このおつゆで、群馬県の名産・下仁田ねぎを一緒に煮るとさらにおいしい。極太のねぎなのですが、その身いっぱいにおいしいつゆを吸って、とろけるような食感に。鴨とねぎは昔から相性のよさで知られていますが、この組み合わせを体験して心から納得しました。

鍋でことこと弱火で煮こんでいく時間というのは、ふしぎに気持ちが休まります。

トマトで煮こむ牛すじもまたよし

冬場は時間をかけてじっくり煮込むのもたのしい時間です。部屋の湿度も適度に上がって、だんだんといい匂いが満ちてくるのもたまりません。牛すじがさほど高くないとき、たまにトマト味の煮込みを作りたくなります。牛すじは食べやすい大きさに切って、においがあるようなら一度ゆでこぼします。鍋にバターとスライスした玉ねぎを入れて炒め、しんなりしてきたら牛すじ、カット済みのトマト水煮、大きめに切った豆腐、酒と薄口しょうゆ、オレガノ少々を加えて煮込んでいきます。煮詰まってきたら水を足しつつ20〜30分ぐらい煮て、牛すじがやわらかくなれば完成。タイムやウスターソースをちょいと入れてもおいしい。一度冷ましてから温め直すと、味がよりまろやかになります。牛すじとハーブとトマト、そして豆腐が意外に相性いいんですよ！

こだわり旬メシ！

ほうれん草のバターソテー

料理：樋口直哉

シンプルで作りやすいバターソテーが、ほうれん草をしっかり味わえるおすすめの一品。
ごまを加えることで、ソフトな食感のほうれん草との対比で、アクセントとなり食感の楽しさにもつながります。アーモンドやナッツ類に変えてもいいですね。

冬

家庭で保存する際、ほうれん草は野菜室ではなく冷蔵庫に入れるのがポイント。野菜室の温度は大体10度前後。その温度だと、ほうれん草は成長してしまい、糖度が下がって味わいが落ちてしまうんです。

from Naoya

材料（2人分）

ほうれん草の葉…1パック（200gが目安）
バター…20g
にんにく…1片（皮をむいておく）
塩…小さじ1/4
ごま…適量

芽が出ておらず、持ったときに重量感があるものを選んでください。また、家で置いておく際は冷蔵庫がおすすめです。

1

ほうれん草の根の一番下、硬いところを少し切り落とす。根元の部分に十字に切り込みを入れる。

＊切り込みを入れることで、しっかりと根が洗えます。また、包丁は根元の方を持って切ると手元が安定します。

2

ボウルに水を溜め、ほうれん草を洗う。洗い終わったらザルに上げ、ボウルの水を捨てる。これを二〜三度繰り返す。

3

洗い終わったら、葉と茎に分ける。茎を手に取って、スジを取るように葉脈を葉から取り除く。

＊中心部の小さな葉などはやる必要はありません。ほうれん草の葉と茎は食感が全く違うため、それぞれ別の野菜だと思って扱いましょう。

4

フライパンを中火にかけてバターを入れる。バターが一度泡立ち、その泡立ちがおさまったタイミングで、ほうれん草の葉の半量を入れて炒める。

＊バターが泡立つのが約１３０℃、泡立ちがおさまるのが約１４０℃です。１４０℃がほうれん草の葉の炒め時です。

5

全体がしんなりしたら、残りのほうれん草を入れて炒める。同様に全体がしんなりしてきたら火を止める。

6

フォークなどに刺したにんにくで、フライパン内全体をしっかりと混ぜるようにして香りづけをし、塩とごまをふり、盛りつける。

＊塩をふると水気が出てくるので、手早く盛りつけましょう。

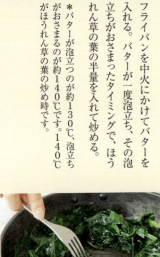

こだわり旬メシ！

ブロッコリーの最高のおひたし

料理：樋口直哉

ブロッコリーの旬は11～3月。水溶性のうまみを持っているので、出汁で煮ることで、そのままうまみを逃すことなく楽しめます。最高のおひたしを、どうぞ。

ブロッコリーは鮮度が落ちると
黄色っぽくなります。
緑の部分がきれいで、
固く締まっているものを選びましょう。

材料（2人分）
ブロッコリー…½個
水…250㎖
しょうゆ（できれば薄口しょうゆ）…大さじ1
みりん…大さじ1
かつお節…2g
塩昆布…適量

持って重いものが水分を多く含み、鮮度のよいものです。カットされているものなら、断面の白さで判断してください。保存は野菜室ではなく冷蔵庫で保存しましょう。

1

ブロッコリーを小房に分ける。大きい房は半分か¼ぐらいに切る。ボウルに水をはり、よく洗い、ザルに上げて水気を切る。

＊茎のほうから包丁を入れて割くようにすると、崩さずに分けられます。

2

鍋に水、醤油、みりん、かつお節を入れて中火にかける。

＊ゆでた野菜をひたして作るのではなく、「ひたし地（※出汁と調味料を合わせたもの）」で煮ることで、かつおとブロッコリーの出汁を作り、それをブロッコリーに含ませる、という作り方です。

3

沸騰してきたらブロッコリーを入れて弱火にし、2分煮る。

＊ブロッコリーは煮すぎるとぐずぐずになりやすいので、時間厳守で。葉が付いていたら一緒に煮ましょう、葉もおいしいんです。

4

ボウルなどに移し、底を氷水などで冷やして急冷する。器に盛りつけ、大さじ1～2ほどひたし地をかけ、好みで塩昆布を適量のせる。

ブロッコリーのおいしいポイント

ブロッコリーの水溶性のうまみは「揚げる」調理もおすすめ。素揚げにしてもおいしいです。ただ、油が跳ねやすいので、素揚げをする際はたっぷりの油で揚げるのがおすすめです。

基本の「大根の浅漬け」

鍋や煮物で余りがちな大根。
この漬物レシピで、一本買ってももう大丈夫！
2種の味のアレンジを加えて、
簡単ポリ袋漬物、冬編です。

料理：重信初江

季節の

保存食

季節野菜のクイック漬物

大根はハリとツヤがあり、
持ってずっしり重いものを選んでください。
傷などがないきれいな状態であれば、
皮をむかずそのまま漬けても構いません。

from Hatsue

材料（作りやすい分量）＆ 用意するもの

大根…600g（だいたい1/3本ぐらい）
塩（粗塩）…小さじ2

ポリ袋…1袋

1 大根を切る

大根は皮つきのまま5㎜厚さのいちょう切りにする。

2 ポリ袋に入れてふる

大根をポリ袋に入れて、塩を加える。まんべんなく行きわたるよう、口を閉じてふる。空気を抜いて口を結ぶ。

3 寝かせる

そのまま最低2時間ほどおけば完成。次第に水気が抜けるので、1時間ほどしたらもう一度空気を抜いて、結びなおすとなおよい。食べるときは、軽くもんで、水気をしぼる。

＊保存期間：冷蔵7日

ベーシックな浅漬けに香りを加えて2品アレンジできます。上記の浅漬けの半量に対して、赤じそふりかけ（小さじ1）、酢（小さじ1）を加えて「ゆかり和え」に。同じく半量に対して、酢（小さじ1）、砂糖（小さじ1）、昆布茶（小さじ2）を加えて「ゆず大根」に。

ゆかり和え

ゆず大根

冬

冬においしい ゆず茶ジャム

「なるべく最小限」で作れるジャム、
冬は、ゆずジャムです。
ゆず茶にすることを
前提にしているレシピなので、
少し甘みを強くしています。
お好みで加減してください。

レシピ：堤 人美

季節の
保存食

かんたん旬ジャム

もし、パンに塗るなどジャムとして使う場合は、グラニュー糖をなしにしてはちみつを100g増やしましょう。ゆず茶以外にも味噌と混ぜたものを厚揚げに塗るのもおいしいです。オリーブオイルとの相性もいいので、ワインビネガーと混ぜてドレッシングにも使えますよ。

from Hitomi

材料（作りやすい分量）

ゆず…400g
はちみつ…300g
グラニュー糖…100g
水…60mℓ

＊下準備

ジャムを保存する瓶は鍋で20分ほど煮沸してから自然乾燥で乾かしておく。

1 **ゆずの下準備をして砂糖をまぶす**／ゆずはまず横に切り、それを縦半分に切って果肉と種を分ける。果肉、種は捨てずに取っておく。皮は細切りにしてボウルに入れ、はちみつ、グラニュー糖を加えて30分ほど常温でおく。

2 **果肉と種を処理する**／果肉はみじん切りにして、種はお茶パックなどにまとめて入れておく。

3 **鍋に入れて沸騰させる**／鍋に1、刻んだ果肉、水を入れて強めの中火にかける。沸騰したらアクを取り除き、さらに5分煮る。種をさらに加えて5分煮詰める。

4 **煮詰める**／さらに3〜4分ほど様子を見ながら煮詰め、少量を冷たいお皿にとってみて、かたまるようなら完成。熱いうちに瓶に詰め、冷めるまで逆さにする。

煮始めたらあまりかきまわさないで。糖分が鍋肌についてジャリッとしてしまうことがあります。

それぞれの旬

それぞれのお宅のお雑煮事情

―重信初江さん、上田淳子さん

今回は、お正月には欠かせないお雑煮のお話。関東出身の重信さん、関西出身の上田さんに、定番の味・具材を聞いてみました。

　重信初江さん「私は東京都世田谷区で生まれて育ちました。お雑煮はいわゆる関東風のおすましで、鶏肉と小松菜、紅白のかまぼこを入れます。小松菜はアクが少ないから、切ったらそのままおつゆに入れられるのがいい。ていねいに作る場合は別にゆでて、あとで加えるんでしょうけど、うちは大らかに。あと、いちょう切りにした大根も入れます。短冊に切る人もいますよね。

　出汁はかつおです。かつおと昆布の合わせ出汁の方も多いのでしょうけど、かつおだけで。母の家がかつおぶしをよく使う家なんです。お正月ですからハレの日っぽく、一番だしだけで作ります。

　あと、母の実家は静岡県牧之原市の海のほうなんですが、そこのお雑煮はお餅に青のりと粉がつおをドサッとのせるんです。本当にもう、いっぱいのせる。青のりがおつゆを吸って、なんというか…モサアッとするほどに(笑)。当時はちょっと驚きましたが、今思えばおいしかったですね。好きな味です。」

　もうひとつ教えてくれたのは、お餅の煮方。

「我が家は餅を直接おつゆに入れて煮ちゃうんですよ。時間が経つともうドロドロになって、ポタージュ状態になることも(笑)。大人になって、おすましにお餅が入っているときは驚きました。でも、ドロッとしたお雑煮、苦手な人もいるかもしれませんが、あれはあれでなかなかおいしかった。」

〝我が家の定番〟が、あたりまえでないことがあるのもお雑煮の面白いところ。一方で関西圏の上田さんはどうでしょう。

上田淳子さん「私は兵庫県神戸市の生まれで、実家のお雑煮はいわゆる白味噌雑煮です。昆布出汁で、具材は丸餅と大根、里いも、金時人参。形はすべて丸く切るのがお正月の決まり。大根はね、時期になるとお雑煮専用の細いものが売られているんですよ。具材を切るときは、まあるく、まあるく、角の立たない1年を過ごせるように、と思いながら。

夫は島根県出身なのですが、この地方の、具がお餅と海苔だけの海苔雑煮もおもしろいですよ。岩海苔を少量の酒でほぐし、出汁、しょうゆ、みりんで煮立てた煮汁にお餅、その上にほぐした海苔を

のせるんです。島根県の岩海苔『かもじ海苔』という食感がしっかりしたものを使うんです。」

自分の出身地もそうですが、家族の出身地に思いを馳せてつくる雑煮というのも、ひとつの楽しみ方かもしれません。

from Atsushi

旬を感じる

四季の鍋

こっくりおいしい冬の「味噌バター鍋」

　魚のたらは、冬においしい食材のひとつです。海からあがると、時間が経つほどにうまみがどんどん抜けてしまう魚でもありますが、近年は鮮度保持、そして輸送の技術が進化して、離れた土地でもかなりおいしくいただけるようになりました。なるたけ身がふっくらして、透明感のあるものを選んでください。

　淡泊な味わいなので、出汁で煮てシンプルにぽん酢じょうゆでもいいのですが、しっかり濃いめの味わいもよく合います。味噌バターの鍋つゆと合わせるの、私は好きなんですよ。この場合は野菜もちょっと種類多めが合います。特にもやし、白菜は相性よし。コク要員の油揚げ、栄養価アップで小松菜も入れて作ります。たっぷり野菜とバターによるまろやかで甘めな味わいを、七味やラー油で刺激的に味変するのもおすすめ。

　小鉢にとったら、おろししょうがやおろしにんにく少々を薬味にするのもよく合います。鍋は取り鉢の中でそれぞれの好みに変えやすいのもいいところですね。シメはぜひ、ラーメンでどうぞ!

たらと野菜の味噌バター鍋

［材料］

たら（生）・もやし・白菜・小松菜・油揚げ…お好みの量、鍋つゆの割合［水…500mℓ、味噌…大さじ4、バター…ひとかけ］

［作り方］

❶たらはひと口大に切って、軽く塩（分量外）をしておく。野菜は食べやすい大きさに切る。

❷鍋に①を盛る。水に味噌を溶き、具材がひたる手前ぐらいまで注ぎ入れ、バターをのせる。火にかけて全体が煮えたら一度味見して、薄ければしょうゆ少々（分量外）を加える。

Profile

白央篤司（はくおう・あつし）

フードライター、コラムニスト。「暮らしと食」をテーマに執筆する。主な著書に『にっぽんのおにぎり』（理論社）、『自炊力』（光文社新書）、『名前のない鍋、きょうの鍋』（光文社）、『はじめての胃もたれ』（太田出版）など。本書はWEBメディア「アイスム」で「旬を楽しむ」をテーマに企画・取材した記事を加筆・再構成の上まとめたもの。

アイスム／https://www.ism.life/index.html

Staff

企画・協力／アイスム編集部
（中辻 梓、虫明麻衣、
白石 舞、杉本舞桜）

デザイン／石松あや（しまりすデザインセンター）

版画・イラスト／坂本千明

撮影／今井裕治（P18~20）
内田徳人（P60~63、P90~93）
衛藤キヨコ（P140~141）
キッチンミノル（P14~15、P30~35、P50~51、P69~71、P84~85、P96~98、P116~117、P130~132）
佐々木孝憲（P42~43、P108~109）
鈴木泰介（P21、P36~38、P72~74、P102~105、P54~55、P57、P88~89、P122~123、P136~137 ）
千葉諭（P24~27）
村上未知（P40~41、P66~68、P76~77、P99~101、P106~107、P120~121、P124~127、P138~139）
吉濱篤志（P133~135）

校閲／株式会社聚珍社

企画・編集／岡田好美（Gakken）

忙しくても、時間がなくても、
季節のものを味わいたい！

はじめましての 旬レシピ

2025年4月22日　第1刷発行

編著者／白央篤司
発行人／川畑 勝
編集人／中村絵理子
発　行／株式会社Gakken
〒141-8416 東京都品川区西五反田2-11-8
印刷所／大日本印刷株式会社

●この本に関する各種お問い合わせ先
本の内容については、下記サイトのお問い合わせフォームよりお願いします。
https://www.corp-gakken.co.jp/contact/
在庫については　Tel 03-6431-1250（販売部）
不良品（落丁、乱丁）については　Tel 0570-000577
学研業務センター　〒354-0045 埼玉県入間郡三芳町上富279-1
上記以外のお問い合わせは Tel 0570-056-710（学研グループ総合案内）